PAUL BERT

Lettres de Kabylie

LA POLITIQUE ALGÉRIENNE

PRIX : 2 FR. 50.

PARIS

ALPHONSE LEMERRE, ÉDITEUR

27-31, PASSAGE CHOISEUL, 27-31

M D CCC LXXXV

LETTRES DE KABYLIE

LA POLITIQUE ALGÉRIENNE

PAUL BERT

Lettres de Kabylie

LA POLITIQUE ALGÉRIENNE

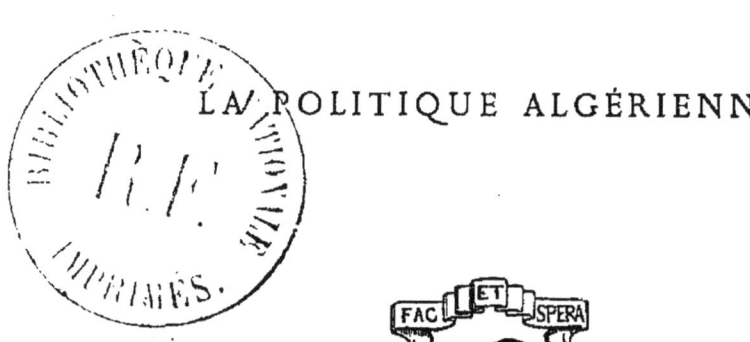

FAC ET SPERA

PARIS

ALPHONSE LEMERRE, ÉDITEUR

27-31, PASSAGE CHOISEUL, 27-31

M D CCC LXXXV

LETTRES DE KABYLIE

LETTRES DE KABYLIE

PREMIÈRE LETTRE

18 Avril 1885. *De Philippeville.*

LE PORT. — LA VILLE

ADMIREZ, monsieur, me dit un compagnon de route, la protection visible que la Providence accorde à ce pays. Vous verrez, en suivant la côte, que tous les ports d'Algérie ont été par elle protégés contre les mauvais vents du Nord-Ouest. »

Le brave finaliste tombe mal. Sa naïve formule est vraie pour Bône, pour Collo, Djijelli, Bougie, Alger, Arzew.

Elle aurait été vraie pour Stora. Précisément, elle ne l'est pas pour Philippeville.

Vieille discussion que de savoir s'il aurait fallu établir à Stora le port de Constantine. Je penche à croire, quant à moi, qu'il eût été préférable de s'installer à Collo. Là on eût trouvé un rivage et une petite vallée propres à la construction et au développement d'une ville. Et du moins on aurait eu un port naturel où à l'heure qu'il est, et sans aucun travail d'abri, les navires mouillent par les gros temps.

A Philippeville, il a fallu tout créer : port, quai, ville. Une vingtaine de millions pour le moins ont été jetés à la mer.

Il faut lire, à propos de cette coûteuse création, les protestations indignées de l'amiral Mouchez, attaquant l'omnipotence des ingénieurs des ponts-et-chaussées, qui construisent des ports sans tenir compte de l'avis des marins.

Le résultat, du moins, est très beau. Un port de 20 hectares de superficie est protégé par une jetée de 1,400 mètres de longueur, qui fait face aux terribles et heureusement fort rares ouragans du Nord-Est. Pendant toute la nuit dernière, et au moment même où j'écris, une forte tempête du Nord-Ouest fait rage ; le vent souffle en rafales ; la mer se brise avec un bruit terrible. Or, le *Maréchal-Canrobert*, accosté à quai, est aussi tranquille que s'il mouillait au pont des Arts.

L'immense jetée, formée de massifs de maçonnerie d'au moins 1,500 mètres cubes, élevés en double rang au-dessus des blocs de fondation, et séparés par des intervalles, ce qui laisse à l'ensemble une certaine élasticité, résiste bravement à la furie des vagues : à peine quelques embruns passent-ils par-dessus.

L'avant-port n'est pas aussi tranquille. Les navires n'y peuvent amarrer à quai, et par le gros temps doivent rentrer dans l'arrière-port. Il y a là encore 25 hectares conquis, mais dont on ne sera maître qu'en prolongeant la jetée d'environ 200 mètres.

Mais Philippeville a ceci de particulier qu'il ne suffit pas d'y créer des ports artficiels, il faut y construire des quais en les conquérant sur la mer. Originairement, en effet, le rocher était presque immédiatement battu par la vague. On a fabriqué 20 hectares de terrain horizontal, partie en abattant le roc, partie en comblant la mer.

Si donc on agrandit le port, il faut agrandir proportionnellement les quais. C'est une dépense de 3 millions que la chambre de commerce a proposé d'avancer à l'État. Dépense indispensable, je crois, car il faut aller jusqu'au bout. D'ailleurs, le mouvement du port de Philippeville augmente dans de grandes proportions ; pendant les deux dernières périodes quinquennales, la valeur des marchandises exportées et importées a passé de 61 à 86 millions.

Espérons que quand ces travaux seront terminés, le port sera « reçu » et qu'on connaîtra officiellement son existence au ministère de la marine. La chose est vraiment étrange ! Lorsque les transports de l'État vinrent, il y a quelques mois, chercher des troupes au Tonkin, ils allèrent mouiller en rade de Stora. Les commandants durent prendre sous leur responsabilité de manquer à leurs instructions, et d'abandonner leur rade foraine, avec embarquement à la cueillette, pour un port excellent et un embarquement à quai. Ce ne fut pas sans difficultés.

La montagne de Stora a définitivement perdu sa belle couronne de forêts et avec elle les singes innombrables qui lui avaient donné leur nom.

La dernière fois que je l'ai vue, les noires charpentes des chênes liège brûlés dans l'immense incendie de 1881 hérissaient la côte. Aujourd'hui on voit à leur place le sol rougeâtre rayé par de longues files de vignes. Des milliers d'hectares ont été ainsi plantés, et font la richesse des vallées de l'Oued-Mélek et du Saf-Saf. Déjà d'abondantes récoltes récompensent les colons; vins excellents, surtout pour les coupages, et dont quelques vins méritent en petits verres les honneurs du solo.

Je vais me promener à terre. Ce n'est pas que Philippeville soit intéressant à visiter. Le ravin sans eau dont le maréchal Vallée a acheté le sol 150 francs en 1838 pour l'y bâtir n'a rien de pittoresque. C'était, du reste, depuis le passage des Vandales, place nue, que ni les Arabes ni les Turcs n'avaient occupée.

Le fond du ravin, qui se dirige perpendiculairement à la mer, forme la rue principale, bordée de maisons fort vulgaires, avec les inévitables et utiles arcades. De chaque côté, et parallèlement, d'autres rues auxquelles on accède par des plans inclinés des plus raides, jusqu'à ce qu'enfin les communications ne s'établissent plus que par des escaliers. Malgré ces difficultés, la ville grandit, et dans quelques années elle aura atteint la ceinture crénelée qui garnit les crêtes et dont elle me parut, la première fois que je la vis, en 1857, séparée par un infranchissable espace.

Sur les hauteurs, à gauche, la caserne et l'hôpital des hommes; à droite, l'hopital des femmes. Au centre, église, mosquée, mairie, halle, théâtre : tout cela sans aucun intérêt.

Des ruines de Rusicada il ne reste aujourd'hui qu'une moitié de théâtre, à laquelle conduit la rue Gambetta. On y a recueilli quelques statues, dont une d'Hadrien, des bas-reliefs, des stèles, médiocres de style. D'autres débris intéressants ont été réunis à la mairie, et de belles mosaïques sont conservées en place chez des particuliers.

Tout le reste a été détruit par les Vandales il y a long-temps, par les Arabes et enfin par le génie militaire en 1845. Avec les pierres des amphithéâtres et des arènes, il a construit les murs de l'enceinte crénelée. Des tombeaux, des chapiteaux, des colonnes, des statues même, m'affirme-t-on, ont servi au pavage des rues.

Ce n'est pas cependant que la pierre soit rare à Phi-lippeville. Le marbre même y est prodigué: trottoirs, marches d'escalier, bordure des quais sont en marbre, et en beau marbre. Il est fourni par les magnifiques carrières de Filfila, situées à quelques kilomètres de la ville et qu'exploitaient déjà les Romains. L'usine de mon ancien condisciple de Sainte-Barbe, M. Lesueur, rappelle les grands établissements de Bagnères-de-Bigorre. Les marbres les plus variés, rose chair, rouge, noir, vert, et de beaux blocs d'onyx y sont taillés, sciés, polis. On y prépare même des blocs statuaires d'un grain à rendre Carrare jaloux.

Il pleut à torrents. Voici quinze jours que cela dure sur la côte d'Afrique, et les journaux commencent à raconter de lugubres histoires de ponts enlevés, de récoltes submergées, d'hommes noyés.

La pluie est triste partout, mais surtout dans ces pays

du soleil, où cependant elle rend de si grands services, quand elle n'abuse pas comme actuellement. Mais rien ne semble en harmonie avec elle, ni la nature, ni les œuvres de l'homme.

Le sol des jardins est jonché de roses abattues, de fleurs d'oranger et de grenadier. Les longues grappes de fleurs d'acacia ont perdu leur parfum. Les énormes agaves, que l'eau teint en vert sombre, semblent tout tristes ainsi lavés, et deux ou trois palmiers sont tellement dépaysés dans cette inondation, qu'ils ont l'air d'arbres artificiels, d'arbres « en bois, » sortis de quelque immense boîte de Nuremberg.

Les hommes et les femmes, avec leurs loques aux vives couleurs, se cachent sous les arcades et au fond des cabarets, honteux comme chiens mouillés. Population bizarre et bigarrée, qui donne à Philippeville un aspect spécial. Là, peu d'indigènes et de juifs, la ville est toute neuve et la population est venue de loin. Italiens, Espagnols, Maltais, Mahonais, Grecs, mêlés aux portefaix kabyles.

C'est une des villes où se forme avec le plus d'activité la race mixte, qui sera dans cent ans dominatrice en Algérie.

Mais j'aurai tout le temps de parler statistique tandis que nous longerons la côte. On sonne le dîner à bord du *Maréchal-Canrobert*. Beaucoup d'appelés, peu d'élus. Car nous prenons la mer, et le vent du Nord-Ouest souffle en tempête. Pourrons-nous cette nuit mouiller à Djijelli?

DEUXIÈME LETTRE

19 Avril. *A bord du Maréchal-Canrobert.*

COLLO. — LA RACE MIXTE ALGÉRIENNE. — DJIJELLI. UN PEU DE POLITIQUE

QUE d'eau, que d'eau! Que de vent, que de vent! C'est une vraie tempête du Nord-Ouest. Eau douce du ciel, eau salée de la mer se disputent le pont du bateau. Le vent, soufflant dans la cheminée comme dans un sifflet, fait entendre une plainte bizarre et lugubre. A chaque instant, dans le grand tangage, l'hélice sort de l'eau et ses coups secs et précis ébranlent le navire et les cœurs mal affermis. Un coup de roulis dans la cabine du capitaine a failli me faire renouveler l'exploit dont on a parlé sur l'*Immaculée-Conception*, jusqu'au jour où le brave bateau a sombré sur l'écueil Akcin. Lancé hors de mon lit où je dormais pendant la tempête, j'avais, d'un coup de mâchoire, brisé

le marbre de la commode; onze millimètres d'épaisseur !
Depuis Samson, on n'avait pas fait mieux.

A sept heures du soir, nuit venue, nous entrons sans
difficulté dans le joli port de Collo, port naturel, qui
n'a rien coûté aux contribuables, et où l'on est au calme
plat. Pourquoi Collo ne s'appelle-t-il pas Philippeville?
et Philippeville n'est-elle pas restée Rusicada? Il est trop
tard pour récriminer et il serait trop triste d'expliquer.

Nous avons trois heures à passer pour les transborde-
ments; faisons un peu de statistique et mettons au net
les notes que j'ai prises en causant hier avec M. Ricoux,
maire de Philippeville et pour lequel on a, sur un amen-
dement de moi au budget de 1881, créé un bureau de
statistique démographique en Algérie.

Une race mixte, disais-je à la fin de ma dernière lettre,
se constitue rapidement en Algérie. Ce n'est pas, tant
s'en faut, que le Français recule. Sans parler de l'alluvion
qu'il reçoit incessamment de France, il a retrouvé dans
ce pays neuf, riche et plein d'avenir, sa fécondité d'autre-
fois. La natalité française répond presque aussi énergique-
ment en Algérie qu'au Canada aux détracteurs de notre
race. En effet, la moyenne des enfants qui, dans la mère-
patrie, s'est abaissée à 3 par famille, est déjà remontée
à 7 dans la France trans-méditerranéenne.

Les enfants nés ici proviennent, dans une proportion
qui grandit chaque année, de mariages contractés eux-
même en Algérie. Or, ceux-ci sont en partie croisés,
c'est-à-dire conclus entre époux de nationalités différentes. Ainsi, en 1883, il y a bien eu 2,658 mariages

entre époux de même nationalité (dont 995 entre Français); mais on en a compté 495 entre nationalités différentes, soit 19 o/o de la totalité.

Ce sont les Français qui interviennent le plus souvent dans les mariages croisés; ils en représentent 57 o/o; Espagnols et Italiens ne donnent que 13 o/o. Les Françaises, au contraire, se croisent moins volontiers que les Espagnoles et les Italiennes.

Ces différences montrent que, au point de vue politique, les croisements nous sont favorables; car plus de la moitié des mariages croisés ayant un époux français, c'est un gain pour la nationalité et le nom français. Pour 126 filles françaises qui perdent leur nationalité, 367 filles étrangères perdent la leur; bénéfice: 241.

Si des mariages nous passons aux naissances, nous voyons d'abord que l'augmentation dans la fécondité n'est pas spéciale aux Français.

Le nombre des enfants par famille, qui était pour les Espagnols de 4,51 dans la mère-patrie, est passé à 6 en Algérie. Pour les Italiens, le mouvement est de 5,3 à 8. Il y a plus: les couples composés d'époux nés eux-mêmes en Algérie ont plus d'enfants que les couples d'origine européenne: l'Algérie est une terre prolifique.

Ainsi, il naît en Algérie: des Français pur sang, des demi-sang, des quarterons et même des octavons déjà, et des étrangers, soit pur sang, soit mélangés entre natiolités diverses, et notamment avec les Français.

Ces naissances dépassent notablement les décès, en telle sorte que la population européenne va en augmentant.

D'un autre côté, la mortalité des Français diminue beaucoup. D'où prédominence progressive de l'élément français dans la formation de la race algérienne de l'avenir.

L'élément indigène n'entre malheureusement que pour très peu dans cette formation. Les mariages entre Européens et Juifs ou Arabes sont en nombre infime (16 Européens-musulmans en 1883, 7 Européens-juifs). Il est vrai que la statistique officielle ne sait pas tout, et que bien des naissances mixtes n'ont rien eu à voir avec l'écharpe de M. le maire.

Les chalands s'éloignent, la poste arrive, nous levons l'ancre et la danse infernale recommence; toujours vent, pluie, grosse mer. Il n'y a rien à faire qu'à dormir et à attendre.

A cinq heures du matin, arrivée à Djijelli. Le commandant y est entré bravement, malgré le mauvais temps, et nous mouillons à une encâblure des récifs où s'est crevé, en 1883, le *Charles-Quint*. Port moins bon que celui de Collo, mais qu'auraient rendu excellent quelques-unes des miettes tombées de la table de Philippeville. Une série d'écueils à fleur d'eau semblent placés là pour servir de fondation à une jetée.

La négligence de l'agent du transatlantique nous fait perdre là quatre heures: les chalands n'arrivent pas et nous n'embarquons rien.

Que faire sur un bateau à l'ancre, lorsqu'on n'y dort pas? Parler politique; et mes compagnons ne s'en font pas faute. J'écoute et fais mon profit.

Rien de bien marquant, toutefois. Ce sont les critiques habituelles contre les lenteurs administratives dans ce pays où le temps est de l'or. On se plaint des rattachements qui retardent tout. Mais un voyageur qui paraît fort entendu soutient une thèse originale : pour lui, les retards proviennent des bureaux du gouverneur général qui, regrettant leurs anciens pouvoirs, ralentissent systématiquement le jeu de la nouvelle machine administrative.

Tous semblent d'accord pour dire qu'avec les rattachements le gouverneur général, à qui tout pouvoir a été enlevé, n'est plus qu'un simple inspecteur et bientôt n'aura plus de raison d'être. Plusieurs pensent qu'il faudrait remonter le courant et donner au gouverneur rang de ministre avec responsabilité directe devant le Parlement. C'est, pour le dire en passant, mon avis personnel depuis longtemps. On rappelle, à ce propos, la curieuse discussion de la loi qui devait consacrer 50 millions à construire des villages, à « terminer la colonisation officielle. » Malgré les instances du gouverneur général et du ministre de l'intérieur, la chambre a repoussé ce projet. Un ministre d'Algérie aurait quitté la place, car toute la politique colonisatrice était engagée par ce vote; dans le système actuel, le gouverneur et le ministre se sont réciproquement protégés et ils sont restés aux affaires, excipant, l'un de sa subordination, l'autre de son incompétence.

Le monsieur qui m'avait fait la jolie phrase sur la Providence et les vents du Nord-Ouest, vante fort les mérites du cardinal Lavigerie, et s'indigne des récentes réductions budgétaires.

Le cardinal est, à son dire, un apôtre; c'est lui qui pacifie la Tunisie et qui nous rallie les Maltais. Et rappelant son voyage triomphal à Malte, les bourgeois attelés à sa calèche et forçant les postes anglais à présenter les armes, notre homme voit déjà le drapeau tricolore — ou blanc — flotter sur l'île où les Anglais sont cordialement détestés.

Mais les voisins arrosent d'eau froide ce bel enthousiasme. Le cardinal, dit l'un d'eux, est un brouillon ambitieux; il met la France au service de l'influence catholique; il excite le fanatisme des Maltais et nous prépare de vilains retours du fanatisme musulman. Déjà, en Kabylie, ses pères blancs, ses religieux, avaient fort irrité les populations par leur esprit de prosélytisme; il a fallu y mettre ordre. En somme, il nous nuit plus qu'il ne nous aide, et c'est une personnalité tapageuse qui ne sera satisfaite que quand la tiare aura remplacé le chapeau.

La majorité de nos compagnons trouvent ce langage excessif. Mais on tombe d'accord pour dire que nos gouvernants donnent trop d'importance au cardinal, et dans les relations avec les indigènes et dans la politique intérieure. Il semble régner en maître à Alger comme à Tunis. Les protégés de M. Lavigerie sont, me dit-on, placés avant ceux de M. Tirman ou de M. Cambon.

Là-dessus, d'interminables récriminations, où mes collègues de la Chambre ne sont pas épargnés. Cela ne m'intéresse plus et, la pluie ayant cessé, je vais admirer la côte, que nous longeons à un mille de distance. Les nuages cachent encore la chaîne des Babors, à cette époque couverts de neige. Voici l'embouchure de l'Oued-Agrioun, le torrent qui, à quelques kilomètres de là, roule bruyamment d'énormes pierres dans le merveilleux défilé du Chabet-El-Akhra. Voici le cap Aokas, riche en panthères, avec ses plantations de vignes. Devant nous, le cap Carbon abrite cette admirable rade de Bougie, dont on pourrait faire à peu de frais le plus beau port de la côte algérienne. Les sables apportés par la Soummam jaunissent la mer à deux milles du rivage. Enfin, nous jetons l'ancre en face la porte sarrazine *Bab-El-Dahar*, dont le bruit, quand elle tournait sur ses gonds, s'entendait jusqu'à Djijelli !

TROISIÈME LETTRE

21 Avril. *De Bougie.*

LE GÉNIE MILITAIRE. — L'AVENIR DE BOUGIE

BOUGIE est littéralement étouffée par les exigences du génie militaire. Son histoire est, sous ce rapport, celle d'un très grand nombre de villes d'Algérie. Au moment de la conquête, le génie s'est emparé, comme c'était son droit et son devoir, de tout ce qui touchait à la défense: forts, remparts, casernes; puis, il a appliqué dans toute sa rigueur le système des zones de servitude; enfin, il a pris, à des titres et sous des prétextes divers, maints établissements dont la destination n'était rien moins que guerrière: jusqu'à des rues et des places publiques.

Sur ces possessions, il se cantonne avec une énergie et une ténacité invincibles. En vain les municipalités réclament, en vain les députés font des démarches et les gouverneurs généraux des rapports; les ministres eux-mêmes

semblent impuissants à triompher d'une résistance qui
constitue un phénomène vraiment curieux de psychologie
sociale, si j'ose ainsi parler.

Rien de plus curieux, en effet, et rien de plus hono-
rable, je me hâte de le dire, que cet égoïsme collectif
qui rend les membres d'une corporation aussi jaloux de
sa richesse et de son autorité que s'il s'agissait de leurs
intérêts personnels. Rien de plus utile dans certaines
limites. Mais aussi rien de plus dangereux, lorsque l'esprit
de caste finit par faire oublier le véritable devoir et sacri-
fie, par dévouement à l'intérêt corporatif, l'intérêt général.

Or, l'intérêt général veut que les villes algériennes
s'agrandissent en toute liberté. Et le devoir du génie militaire est non pas de limiter leur extension aux conditions
primitives de la défense, mais d'adapter la défense aux
nécessités de l'extension.

Encore si les besoins de la défense pouvaient toujours
servir de prétexte! Il y a six ans, le général Chanzy me
dit : « Vous allez à Bougie? Portez-y une bonne nouvelle;
le déclassement des anciennes fortifications est chose
décidée. » Or, le génie n'a pas encore consenti à livrer
au domaine ces remparts inutiles, de l'emplacement desquels la ville tirerait bon parti. Le génie possède dans
l'intérieur de la ville d'inutiles bâtiments et des emplace-
ments qui arrêtent tout agrandissement. En ce moment
même, il édifie, sur une des plus belles places de la ville,
d'où la vue embrasse le golfe et le cirque des montagnes,
des écuries où les chevaux accèderont par des rampes de
45 degrés! Est-ce faute de place? Non, certes, car au
bas des remparts, au bord de la mer, il possède de vastes
terrains dont il loue la plus grand partie à des cultivateurs,

et qui s'opposent à toute extension du côté de la gare.

Je n'en finirais plus si j'entrais dans le détail, et si j'ai tant insisté, c'est parce qu'il y a là une question d'intérêt général et que des faits analogues se reproduisent dans la plupart des villes d'Algérie. Cet état de choses appelle l'attention des pouvoirs publics. Certes, le génie a rendu et rend chaque jour d'immenses services, mais enfin, l'Algérie n'a pas été conquise pour lui.

Il n'est, dit le proverbe écossais, si mauvais vent qui ne soit utile à quelqu'un. En empêchant la ville de Bougie de sortir de ses remparts, le génie la force à conserver pour l'œil du voyageur son pittoresque aspect. C'est une véritable étagère dont les places superposées sont reliées par des escaliers ou des rampes invraisemblables. La ceinture des remparts qui grimpent de crête en crête, surplombant parfois de plus de 20 mètres les rapides talus couverts d'oliviers, de carroubiers, de micocouliers séculaires, la fait ressembler à une forteresse du moyen âge, et rappelle un peu Carcassonne. Mais ici, le memelon sur lequel la ville est assise et que depuis l'an 1509 domine le fort Moussa, n'est que le premier d'une série qui, en rangs pressés et se dominant à l'envi, montent à l'assaut d'une véritable montagne. C'est le Gouraya, escarpé de tous côtés, et tranché à pic du côté de la mer, falaise de plus de 700 mètres de hauteur, du sommet de laquelle on peut jeter une pierre dans l'écume blanche qui en frange incessamment le pied.

Des maisons et des terrasses de Bougie, la vue embrasse le plus admirable des panoramas.

La Soummam, une vraie rivière, où il y a de l'eau, débouche dans une riche vallée triangulaire que limitent des collines de plus en plus élevées. Les sommets de cette espèce de cirque; les Babors, sur la rive droite; Toudja, sur la rive gauche, sont des montagnes aux flancs dénudés, qui s'élèvent à près de 2,000 mètres d'altitude. Mais les contreforts sont couverts de chênes-lièges, d'oliviers, de figuiers, de champs de céréales, avec les rayures régulières des vignes nouvellement plantées.

La baie de Bougie forme un arc immense dont la corde, longue d'une douzaine de kilomètres, va du Carbon au cap Aokas, et dont la rivière est la flèche prolongée. Du côté de l'Est, la vue s'étend indéfiniment, et j'ai même été témoin d'effets de mirage qui font apparaître des caps que la géométrie autorise à se cacher derrière la rotondité de la terre.

Au pied du Gouraya s'ouvre la rade de Sidi-Yaya. Des travaux peu coûteux, et dont l'étude a été faite à diverses reprises, permettraient d'y établir un port de guerre où toute la flotte française pourrait trouver abri, abri contre la tempête, abri contre l'ennemi, tenu à respectueuse distance par les imprenables batteries de la montagne.

Ce port, situé par fortune au point de la côte algérienne le plus rapproché de France, et juste en face de Toulon, compléterait notre système de défense dans la Méditerranée. Et quand le chemin de fer, dont la construction sera terminée dans deux ans, aura relié Bougie à la grande ligne parallèle à la mer, c'est ce port qui permettra de transporter le plus rapidement les troupes dans la région qui est la clef de l'Algérie.

Quant au port commercial, dont on va bientôt commencer la construction, les huiles et les vins de la plaine, les lièges et les bois des montagnes, les productions des riches massifs miniers, les céréales de la Medjana lui donneront très vite un mouvement important. La ville de Bougie, trop longtemps déshéritée, est appelée à une grande et prochaine prospérité.

Enfin, auront disparu les effets de la malédiction du saint marabout Si-Djemlin, à qui les Bougiottes avaient fait manger d'un mets impur : « Vous tendrez la main aux « passants, et vos vieillards périront de misère. Vos « vaches n'auront point de lait et vos greniers resteront « vides. »

QUATRIÈME LETTRE

22 Avril. *De Bougie.*

SUPERSTITIONS KABYLES. — ÉCOLE DE FILLES.

LES SINGES. — LES AISSAOUA

HIER matin, nous devions partir pour visiter la belle orangerie de Toudja. C'est une longue et pénible route, en suivant les crêtes pendant quatre heures par des sentiers de mulets. Le temps se passe et nos Kabyles n'arrivent pas; les voici enfin, l'air consternés et sans mulets; ils nous racontent une étrange histoire.

Pendant la nuit, le diable est apparu chez eux; il traînait des chaînes avec un atroce bruit de ferrailles. Le plus hardi des deux prit son fusil, et ils sortirent. Le long du mur, ils virent un âne (on dit toujours ici un bourriquot), un âne noir, et d'aspect bizarre. Nul doute: c'est le diable. Notre brave tire, le bourriquot disparaît en fumée, et les deux Kabyles rentrent terrifiés.

Ce n'est pas tout; la veille, les djinns, les petits hommes-diables, s'étaient livrés à une course infernale sur leurs minuscules chevaux, dans la plaine, au bas du « bois sacré. »

Il serait insensé de partir dans ces conditions.

La bonne foi de nos Kabyles ne saurait être suspectée. Ils ont tout intérêt à ce que le voyage se fasse. Ce sont de vieux serviteurs, sûrs et fidèles, qui depuis vingt ans ont maintes fois risqué leur vie pour le service de l'ami qui me donne l'hospitalité. Ils parlent bien français, sont relativement instruits et ne boivent jamais ni vin ni liqueur.

Je donne ceci comme un exemple entre mille des idées superstitieuses qui hantent l'esprit des Kabyles. Tels du reste nos paysans au fond de maintes provinces. Il y a même des analogies curieuses.

On retrouve ici le « mauvais œil, » le « sort jeté, » avec les conséquences ordinaires: maladies de bestiaux, suppression des récoltes, aiguillette nouée! Ici, comme chez nous, des industriels vivent de la sottise publique, et il n'est pas de Kabyle qui, les voyant s'approcher de ses bestiaux au marché, ne leur offre la dîme, dont le refus pourrait lui coûter cher!

Un de nos Kabyles appartient à une famille de marabouts. Il raconte avec fierté que son grand-père, pendant une disette, avait d'un coup de couteau fait jaillir une source d'huile du tronc d'un olivier. « Tu peux y aller voir, dit-il avec aplomb, l'huile coule toujours. » Et personne ne mettrait en doute son affirmation, qui lui vient de son père, et à laquelle il a fini par croire.

Il est Aïssaoua, pour comble; les serpents n'osent le mordre ni les scorpions le piquer. J'exige que, pour se faire pardonner le voyage manqué, il me fasse assister à la prochaine réunion de Aïssaouas de Bougie, qui, je viens de l'apprendre, doit avoir lieu ce soir. Ce ne sera pas facile, mais c'est à lui de s'arranger.

En attendant, je vais visiter l'école des filles indigènes. C'est une excellente institution qui date ici de cinq ou six ans, et que je voudrais voir imiter dans tous les centres européens.

On n'essaye pas ici, comme on l'a fait ailleurs, de transformer les indigènes en Françaises, ce qui n'a eu d'autre conséquence que d'enrichir la population des *rikat*. Les visées sont bien plus modestes.

Deux institutrices laïques ont sous leur direction une trentaine de fillettes maures et même kabyles de six à douze ans. Elles leur apprennent à se tenir propres d'abord, à raccommoder haïcks, vestes, pantalons, burnous et gandourahs ; à faire la cuisine, à exécuter ces mille petits travaux d'intérieur qui donnent à la femme autorité dans le ménage. Ajoutez à cela la langue française, qu'elles apprennent avec une étonnante facilité et parlent sans aucun accent ; la lecture, l'écriture, un peu de calcul, quelques éléments très succincts de géographie et d'histoire. La neutralité religieuse est respectée scrupuleusement, et aucun homme n'entre dans l'école, sauf le maire et l'inspecteur ; on fait cependant exception pour moi.

Les résultats obtenus sont fort encourageants. Mais leur influence ne pourra se faire sentir que dans quel-

ques années, et surtout lorsque les enfants sorties de
l'école y enverront leurs filles.

––––––––

Dans l'après-midi, promenade aux Citernes et aux
Phares. Les grandes citernes voûtées bâties par les
Romains recevaient les eaux qu'un aqueduc leur appor-
tait de la fontaine de Toudja, située à 21 kilomètres.

La promenade aux Phares est merveilleuse à travers les
jardins, où les orangers sont chargés de fleurs et de fruits.
Le mauvais temps a cessé, la mer sans mouvement est
toute bleue, avec l'immense tache jaune des sables de la
Soummam. Deux jours de soleil ont complètement assé-
ché les routes trempées de pluie, et une végétation
admirable de richesse couvre les flancs de la montagne :
iris, glaïeuls, orchidées bizarres, anthémis, cistes, althœa,
immortelles forment comme un tapis d'Orient aux taches
brillantes sur un fond vert sombre. Quelques couleuvres
longues et fines et de petits seps, ces jolis petits lézards
tout semblables à nos orvets, mais munis de pattes microscopiques, traversent le chemin. Dans les buissons, quantité de rossignols, de loriots couleur d'or, de fauvettes,
d'ortolans et quelques guêpiers au plumage éclatant. Là-
haut, des vautours décrivent lentement leurs cercles
immenses.

Une dame qui nous précède à cheval s'arrête tout à
coup et nous fait signe d'accourir sans faire de bruit.
Comme nous arrivons près d'elle, une bande d'une cinquantaine de singes traverse en courant la route. Ils
reviennent de quelque expédition au bas de la montagne
et s'empressent de se mettre en sûreté. Les vieux mâles

ouvrent la marche et semblent surveiller la colonne; les
mamans tirent leurs petits par la main ou hâtent leur
marche de taloches multiples; quelques-unes ont huché
leurs bébés sur le dos. Tout ce monde galope à qui mieux
mieux, criant, glapissant et nous regardant avec anxiété.
En un clin d'œil, tout a disparu dans la broussaille, et
quelques minutes plus tard nous les revoyons à trois ou
quatre cents mètres, au haut des rochers, se vengeant
par mille grimaces de leur terreur passée.

Deux heures après la tombée de la nuit, un Aïssaoua
vient me chercher; mon Kabyle a obtenu l'autorisation
demandée. Nous traversons la ville, qui commence à
s'endormir; nous sortons de l'enceinte fortifiée et, dans
d'étroits sentiers qui contournent les broussailles, je suis
non sans peine mon guide, qui marche à grands pas malgré l'obscurité. Enfin, j'aperçois au-dessous de moi une
faible lueur; en approchant, je distingue une koubba,
avec une cour munie de toits intérieurs, à la façon des
lavoirs de nos campagnes. La lueur vient de quelques
bougies fichées en terre. Tout autour du marabout, de
grosses masses blanchâtres qui semblent des sacs de blé;
ce sont des Kabyles accroupis et enveloppés de burnous;
ils ne font pas un mouvement, semblent ne pas me voir
et, marmottant tranquillement leurs prières, produisent
une sorte de bizarre murmure.

Mon guide donne un mot de passe; on nous attend;
j'entre et je m'assieds sur une natte isolée. La cour est
pleine de fidèles, mais aucun d'eux ne détourne la tête
et ne daigne faire attention à moi. A l'entrée de la koubba

sont accroupis trois vieillards qui prient à haute voix;
devant eux, quelques bougies allumées et une grande
natte. Les assistants répètent la prière, sur un ton bas
tout d'abord; puis la psalmodie s'anime, et les corps
accroupis, s'inclinent en oscillant pour accompagner le
chant monotone.

Soudain, un cri terrible: « Hidji Aïssa » (Seigneur
Jésus!) Un des fidèles est debout, les bras en l'air, les
yeux hors de la tête, poussant de rauques vociférations.
Il saute lourdement sur place, en agitant le haut du corps
et balançant la tête sur les épaules à faire croire qu'elle
est désarticulée.

Il se précipite sur la natte; un des vieillards lui tend
une raquette de cactus toute hérissée de longues et
dures épines; il la saisit et la mâche, en grognant à la
façon d'un chien qui ronge un os; le sang sort de sa
bouche, les épines traversent sa joue. Bientôt sa furie est
calmée et on l'emmène dans un coin.

Pendant ce temps, les chants ont continué avec une
ardeur croissante. Un autre fidèle, puis deux, puis dix,
se dressent en criant : Hidji Aïssa! Et les exercices
varient. Celui-ci mange des scorpions à pleine poignée;
cet autre se perce la joue avec un fer pointu; un troisième avale des morceaux de verre; un autre lèche avec
délices une pelle rougie au feu. Les cris, les vociférations
redoublent; tous se balancent d'arrière en avant avec une
rapidité croissante. Hidji Aïssa! Hidji Aïssa! Peu s'en faut
que je ne le crie moi-même, tant cette folie semble con-
tagieuse, avec la mélopée monotone et sinistre qui
l'accompagne.

A un certain moment, un grand diable apparaît, hur-
lant plus fort que tous. Celui-ci paraît être un favori, et

l'on s'empresse autour de lui. Il enlève burnous et haïcks et il ne garde que sa chemise. Alors deux des viellards lui entourent la taille d'une longue corde à nœud coulant et commencent à le serrer lentement, chantonnant en cadence; lui, debout, bat la mesure avec tout le haut du corps. Le nœud se serre, deux autres hommes s'ajoutent aux premiers, puis deux, puis deux encore; ils serrent lentement, mais sûrement, pendant que les deux vieux, qui ont lâché, pressurent et malaxent le ventre du patient. Celui-ci, qui ne crie plus, mais qui s'agite encore, diminue, diminue, s'amincit à vue d'œil.

> Sa taille enchanteresse,
> Que l'on pourrait tenir entre dix doigts,

devient littéralement semblable à celle d'une guêpe, et il secoue toujours la tête, qui semble près de tomber des épaules. Je me demande si ses bourreaux ne vont pas le couper en deux, quand tout à coup il s'affaisse et s'écrase sur lui-même, inanimé. Aussitôt on le desserre, on le malaxe avec soin, puis on l'emporte.

J'avais vu déjà maintes fois les troupes errantes des Aïssaouas donner des représentations théâtrales. Mais jamais ils ne m'avaient impressionné de la sorte. Ici, la naïveté de la mise en scène, la sincérité des acteurs, gens connus et bien posés, dont mon guide me dit à voix basse le nom et la profession, la réalité évidente des actes émeuvent profondément.

On m'affirme que ces exercices peu hygiéniques ne sont pas sans influence fâcheuse sur la santé des Khouans de Sidi-Mohammed-Ben-Aïssa. Je le crois volontiers. Cependant je dois dire que le lendemain matin j'ai rencontré, galopant sur un bourriquot et avec une figure de prospérité, le grand diable à taille de guêpe.

CINQUIÈME LETTRE

24 Avril. *De Tiklat.*

LA VALLÉE DE LA SOUMMAM. — LES KABYLES

JE conseille vivement aux maisons de « mariages riches » d'ajouter à leurs listes d'héritières quelques filles de la tribu des Beni-Bou-Messaoud. Ceux-ci possèdent, en effet, la plus riche partie de la vallée de la Soummam, qu'on appelle encore l'Oued-Sahel. Terres merveilleuses de fécondité, où les blés succèdent aux blés sans connaître ni le repos ni l'engrais. C'est plaisir de voir ces belles récoltes déjà en épis, ces plantations de plusieurs centaines de figuiers d'un seul tenant, ces forêts d'oliviers hauts comme de beaux noyers tout couverts de fleurs. La culture est du reste très soigneusement faite ; palmiers nains, jujubiers, scilles, asphodèles ont complètement disparu, et les femmes arrachent incessamment les glaïeuls, les coquelicots, les bourraches, toutes les herbes parasites qui envahissent trop souvent les terres des colons, celles du moins qui sont exploitées par des mains mercenaires.

Cette heureuse tribu doit son immense fortune à l'habileté de ses chefs pendant la grande insurrection de 1871. Des représentants de toutes les familles importantes vinrent avec leurs troupeaux se mettre sous la protection du canon de Bougie et se battirent bravement contre les insurgés. Le reste de la tribu, il est vrai, se joignit aux 20,000 assaillants que pendant quatre mois tinrent en échec 200 gardes nationaux, 150 disciplinaires et les 300 marins de la *Jeanne-d'Arc*. Mais, quand vint le jour de la punition, les Beni-Bou-Messaoud évitèrent le séquestre, qui enleva· à leurs voisins le meilleur de leur avoir, les terres de la vallée.

C'est sur ces terrains séquestrés qu'ont été établis les villages de la Réunion, d'El-K'seur, d'Akbou, etc. La route qui les relie rejoint aujourd'hui près du bordj de Beni-Mansour la grande route d'Alger à Constantine. Ce raccord n'existe que depuis peu d'années. Il y a six ans, j'ai dû passer toute une nuit sur le revers du fossé de la route, attendant le jour pour rejoindre le bordj par un chemin kabyle. Et, pour tout viatique, le conducteur qui m'avait déposé là me laissait cette phrase peu rassurante :

« Ne bougez pas de là, le pays n'est pas sûr ! »

Tout est bien changé; l'ancienne piste est devenue une belle route carossable. Elle serpente à mi-côte, suivant fidèlement les innombrables méandres de la rivière, qui semble avoir pris à tâche de ne pas courir 100 mètres tout droit devant elle. Elle y est bien forcée, « la pauvre, » comme on dit ici, par la multitude de petits caps verdoyants qui, des deux côtés de la vallée, la refoulent à l'envi.

Dans les gorges qui séparent ces croupes couvertes de cultures et d'arbres fruitiers ou sur ces croupes elles-mêmes, qui se superposent en étages multiples, sont coquettement accrochés les villages kabyles, entourés d'épaisses haies de cactus et d'agaves; haies impénétrables, bordant un dédale de chemins étroits, abrupts, semés de pierres roulantes, qui rendent si difficile l'attaque de ces ruches humaines.

Au clair soleil, se détachant sur l'outre-mer du ciel, les maisons de pisé blanchies à la chaux semblent pimpantes de propreté. Mais montez au village; suivez de rocher en rocher le sentier, l'escalier faudrait-il dire, par lequel les femmes s'en vont en longue file, la cruche au fond pointu sur l'épaule, puiser l'eau chaque soir; votre illusion ne durera guère. Ces gourbis sont misérablement sales; la promiscuité des hommes et des bêtes y entretient des odeurs repoussantes: la bouse de vache est le seul macadam des ruelles rocailleuses, que nul ne songe à balayer.

Les hommes sont aux champs. Au bruit des sabots ferrés du cheval, femmes et enfants ont fui dans les maisons sans fenêtres. Le village semble désert. Mais, de temps en temps, tournez brusquement la tête. Derrière les palissades qui ferment l'entrée des cours et où, l'instant d'avant, vous ne voyiez que chiens aboyant en fureur, grouille maintenant toute une foule curieuse et chuchotante. L'émotion est bientôt calmée. Et si les femmes restent cachées, bien moins par pudeur que par crainte

de « Sidi matraque, » les petits enfants, jolis à croquer,
courent déjà à côté du cheval, demandant avec un char-
mant sourire un peu de poudre, un sou ou tout au moins
quelques allumettes.

Le nombre de ces villages augmente au fur et à mesure
qu'on s'éloigne de Bougie. A quelques lieues, il n'est pas
rare d'en voir à la fois une cinquantaine. Si l'on s'élève
dans la montagne, on en découvre de tous côtés, semblables à des groupes de nids d'hirondelles.

Ce sont de véritables fourmilières humaines ; on serait
fort au-dessous de la vérité en jugeant de leur population par comparaison avec un village européen de même
apparence.

De telle montagne pourraient sortir 15,000 fusils.

———————

Tout ce monde vit assez pauvrement ; mais il faut si peu
de chose à un Kabyle pour vivre ! L'habillement l'embar-
rasse peu ; le même burnous passera de génération en
génération, rapiécé avec une infinie patience, à devenir
un chef-d'œuvre de ravaudage.

Quant à la nourriture, quelques figues : la galette
d'orge trempée dans l'huile est un mets de luxe ; la viande
est d'un usage aussi rare qu'il y a vingt ans chez nos paysans du Morvan. Les bœufs, les chèvres, les moutons, les
poules vont au marché avec le beurre, les carroubes, les
oranges, les olives.

La culture et le jardinage, voilà les principales ressources de ces tribus. Elles ne sont pas industrieuses au
même degré que celles de la Grande-Kabylie. Cependant
les femmes fabriquent tout ce qui est nécessaire à la vie :

poteries plus ou moins artistement décorées, nattes, étoffes de laine. Comme la terre ne suffit pas à nourrir cette population, qui toujours va croissante, les hommes émigrent, à la façon de nos Savoyards et de nos Auvergnats. Ils s'en vont dans les plaines aider aux récoltes, travailler sur les chantiers de terrassement, et dans les villes se font portefaix, déchargeurs, etc.; rudes travailleurs, marcheurs infatigables. L'exploitation des forêts de liège en occupe un nombre qui, sans cesse, ira croissant.

Si la terre ne leur donne pas assez pour vivre, ce n'est pas qu'ils ne fassent effort pour lui demander ses trésors. Ils défrichent jusqu'au sommet des montagnes. J'en voyais un ce matin qui labourait en travers d'une pente invraisemblable. Ses petits bœufs gris, qui à eux deux pesaient bien 400 kilogrammes, se cramponnaient avec peine, tirant la charrue arabe, simple couteau sans oreilles, et je comprenais alors l'utilité de la distance de 2 mètres à laquelle leur long joug les tient l'un de l'autre. Derrière la charrue, pas à pas, tout près de l'homme et habillée de blanc comme lui, mais plus propre, une cigogne gobait gravement vers de terre, scolopendres et scorpions.

Quel splendide pays! J'étais alors à 600 mètres d'altitude, embrassant de l'œil une immense étendue. Tout en bas, le ruban d'argent de la Soummam, largement bordé de jaune par les sables, au milieu desquels le fleuve torrentueux se creuse chaque année un nouveau lit. Puis la plaine verdoyante, avec ses champs de céréales verts et ses jachères, dont les herbes sauvages, si hautes et si drues qu'un cheval peut à peine s'y frayer un chemin, forment d'immenses taches jaunes, rouges ou bleues; çà et là, quelques fermes européennes. Puis, collines sur collines, groupées et entassées bizarrement, avec une multitude de vallons et de gorges qui semblent, dans ces énormes massifs de pierre, l'œuvre capricieuse de quelque sculpteur géant. Toutes cultivées, complantées, avec des villages kabyles, en tel nombre que je renonce à les compter.

Au-dessus, vers 1,000 mètres d'altitude, la montagne, encore couverte de forêts d'un vert sombre. Plus loin et plus haut, les crêtes dénudées, et, dominant le tout, du côté du Sud, le Djurjura, dont l'arête dentelée et neigeuse ressemble à la chaîne des Pyrénées vue de l'Observatoire de Toulouse, et en a presque la hauteur. Ajoutez l'incomparable pureté de l'air, qui permet de voir les détails à d'immenses distances; le bleu profond du ciel, sur lequel se profilent les cimes découpées; les jeux du soleil sur les rochers gris, bleuâtres ou rouges; les champs verdoyants, avec les alternatives incessamment changeantes d'ombre et de lumière dans les mille excavations des montagnes. Oui, en vérité, c'est un splendide pays!

Splendide et si riche! Car le Kabyle n'en tire pas, tant s'en faut, ce qu'il pourrait produire.

Mais cette lettre est assez longue, et en voilà assez pour aujourd'hui.

SIXIÈME LETTRE

30 Avril. *D'Agmoun-Chèrif.*

ARABES ET KABYLES. —— LA CULTURE KABYLE.

LES PROGRÈS. —— LA PACIFICATION

H bien ! jeune homme, me dit, il y a quelque trente ans, un grand personnage algérien, que pensez-vous des gens de ce pays-ci, N. D. D. ? — Je pense, répondis-je, que vous ne serez tranquille qu'après avoir f... à l'eau tous ceux qui montent à cheval. — Vous avez peut-être raison, mais le malheur est qu'ils ne sont pas du côté de l'eau, N. D. D. »

Nous condensions sous cette forme à coup sûr excessive les différences, alors presque inconnues en France, entre les deux grandes races qui peuplent l'Algérie. Depuis ce temps, le niveau moyen des connaissances s'est notablement élevé ; il n'est plus guère de personnes instruites qui confondent le cavalier arabe, aristocrate

3

habitant de la tente, avec le Kabyle sédentaire, indus-
trieux, jardinier, parlant la langue berbère, monogame,
économe, égalitaire, jaloux des libertés municipales. Ils
n'ont réellement de commun que la sobriété et la bravoure.

En vérité, le Kabyle n'a rien d'oriental, sinon son cos-
tume et sa religion. Au contraire, il ressemble singulièrement au paysan de nos régions montagneuses. Comme
lui, il sait utiliser le moindre recoin de rocher, où il
fouille le sol avec une opiniâtreté invincible ; comme lui,
il vit de rien, dur à lui-même et aux siens, entassant, quand
il le peut, sou par sou, des économies qu'il cache à tous,
dont le curé ou le marabout peut seul lui arracher quelques bribes, et qu'il ne met au jour que pour acheter à
des prix invraisemblables et absurdes la terre qu'il con-
voite.

Comparez la culture de Kabylie, pays jaloux de ses
libertés communales, avec celle des contrées arabes,
soumises au régime féodal, et vous apprécierez encore
une fois la sagesse du mot de Montesquieu :

« Un pays n'est pas cultivé en raison de sa richesse,
mais en raison de sa liberté. »

Si grande que soit la densité de la population dans les
massifs montagneux qui bordent la vallée de la Soummam,
elle n'atteint pas celle des régions centrales de la grande
Kabylie. Dans les Beni-Fraoussen, les Beni-Raten, les
Beni-Jenni, on compte jusqu'à trois et même quatre habitants par hectare. Aussi la culture a-t-elle presque tout
envahi, et un hectare de terre se paie 4, 5 et 6,000 fr.

Ici, comme dans cette riche contrée, on remarque l'alliance bizarre et l'apparente contradiction d'une division extrême de la propriété avec une sorte d'indivision de fait. Rien de plus commun que de voir une terre appartenir à un individu, tandis que les figuiers dont elle est plantée sont la propriété d'un de ses parents. Bien plus, un arbre peut être le bien commun de plusieurs frères ou cousins, qui s'en partagent la récolte ou, s'il s'agit d'un frêne, coupent, chacun sur sa branche, les feuilles, précieuses en été pour la nourriture des bestiaux.

Mais cet âpre travail ne donne pas, tant s'en faut, tous les résultats qu'on pourrait obtenir. Et ce pays devrait produire bien plus qu'il ne fait, entre les mains mêmes des Kabyles. D'abord, bien des espaces incultes sont abandonnés aux lauriers-roses, le long des torrents, et quantité de mamelons restent couverts de cistes, de bruyères, de myrtes, de lavandes, dans le seul but de nourrir les moutons et les chèvres. Puis la culture est, sauf dans la riche vallée principale, des plus rudimentaires. Le Kabyle gratte la terre du couteau de sa petite charrue, contournant les grosses pierres, les touffes d'artichauts, de palmiers nains, de jujubiers, de lentisques ; il y jette parcimonieusement une semence d'un blé peu fécond ; il ne connaît pas la fumure, hormis pour quelques champs de fèves, et se contente d'une jachère intermittente et sans règles.

Quand il s'agit de sa propre terre, il y met du moins tous ses soins. Mais il y a de riches propriétaires kabyles qui font cultiver par des fermiers ou khramès. Ils leur donnent la semence, un cinquième de la récolte et quelques autres petits avantages. La conséquence de ce mode

de culture est peu brillante. Le khramès vit juste avec la
terre qu'il loue et n'en rend presque rien au seigneur.
Mais celui-ci a ainsi à sa disposition un certain nombre
d'hommes, qui sont siens, constituent ses clients, son çof,
et lui fourniraient à l'occasion une troupe de fantassins
avec quelques cavaliers.

Cependant, autour des bonnes fermes européennes,
l'exemple commence à porter ses fruits. Lentement, sans
doute ; mais avec quelle lenteur nos paysans de France
ont accepté la culture intensive, les machines agricoles,
les bestiaux perfectionnés, les semences fécondes !

La plantation de vignes par les Kabÿles eux-mêmes est
un signe des temps. D'ici à peu d'années ils fabriqueront
soit avec leur propre raisin, soit avec les plants importés
du midi de la France, quantité de cette liqueur dont leur
religion leur interdit l'usage. Qui peut prévoir la portée
sociale de ce fait bizarre ? Le Kabyle vigneron respectera-
t-il la prescription du Prophète ? Or, les religions sont
des colosses aux pieds d'argile ; enlevez une des absur-
dités qui lui servent de base, et la foi va bientôt s'écrou-
ler. C'est pour cela qu'elles ont raison de ne vouloir
céder sur rien et de ne pas se laisser entamer.

D'une manière générale, le nombre des arbres fruitiers
augmente énormément. C'est la conséquence de l'état de
paix et la preuve de la confiance qu'y ont les Kabyles.
Une autre preuve s'en tire de ce fait, fréquent dans la
grande Kabylie, que des indigènes quittent l'asile du village fortifié pour descendre dans la plaine et bâtir une
maison isolée au plus près de leurs cultures. L'ancien état

de choses ne permettait pas ces visées d'avenir. La guerre incessante de tribu à tribu, de çof à çof, amenait non seulement le meurtre et le pillage, mais la destruction des arbres fruitiers, qu'on n'osait pas alors planter loin des villages.

Tout cela paraît bien terminé. Les Kabyles, heureux sous une administration douce et juste, surtout si on la compare au régime des Turcs, des chefs indigènes ou des bureaux arabes, commencent à ne plus regretter cette vie de dépradations et de luttes incessantes que les vieux du reste ont seuls connue. Ils se consolent de ne plus mener paître leurs chèvres le fusil sur l'épaule ; ils se réjouissent de vendre très cher leurs bestiaux, leurs oranges, leurs caroubes, leurs olives ; car ils renoncent de plus en plus à fabriquer une huile infecte qu'eux seuls peuvent consommer. Sans doute, les anciens propriétaires, auxquels le séquestre a enlevé leurs plus riches terres, ne sauraient voir d'un œil ami les colons qui s'y sont installés. Mais la mort fait tous les jours disparaître les intéressés directs, et le défrichement de la montagne a donné des compensations. D'ailleurs, ces confiscations sont la rançon de la révolte et non une spoliation, que les Kabyles ne pardonneraient pas.

Oui, je crois à la pacification définitive de ce pays, surtout si l'on suit la politique que j'indiquerai en terminant ces lettres. Le dernier fait d'ordre insurrectionnel est l'effroyable incendie qui, en août 1881, a, de Dellys à Bone, détruit des milliers d'hectares de forêts. On en peut trouver la raison d'une part dans l'expédition de Tunisie, d'où « pas un Français ne devait revenir, » et surtout dans l'établissement du nouveau régime forestier.

La grande insurrection de 1871 elle-même n'aurait pas eu lieu sans un concours extraordinaire de circonstances, et eût été étouffée aisément à ses débuts, si la guerre étrangère et la guerre civile n'eussent fait retirer les troupes d'Algérie.

La suppression des bureaux arabes et des commandements militaires met à l'abri de quantités de causes d'irritation et de soulèvement. On a beaucoup raillé jadis les administrateurs civils du territoire indigène. Ils étaient, disait-on, sans prestige sur les populations. Qu'il en fût ainsi au début, je n'en disconviens pas, d'autant plus qu'on n'avait pas toujours eu la main heureuse. Mais, s'ils ne sont pas arrivés avec le prestige du sabre et de la force, ils ont acquis celui de la justice et de la loi. Du reste, à tentative et à valeur morale égales, ils n'ont pas le pouvoir de commettre des actes blâmables et dangereux. Ils n'ont pas de çof, de corporation pour les défendre, pour couvrir, comme on l'a vu du temps des bureaux arabes, de véritables crimes.

La Kabylie est donc absolument paisible à l'heure actuelle ; le séjour dans les tribus est beaucoup plus sûr que celui de la banlieue parisienne, et l'on peut se promener au fond des forêts plus tranquillement que sur les boulevards extérieurs. Une seule fois, comme je partais avec un ami pour camper à l'extrémité de l'immense forêt de l'Abrarès, on nous conseilla de nous armer, parce qu'on y avait signalé quelques brigands. C'étaient des gens à l'état de vendette, en quête des témoins qui les avaient fait condamner ; nous n'étions pas du nombre et nous ne risquions rien.

Autour des villages et surtout des villes, il s'est formé une population interlope qui rend la sécurité moindre, en permettant la dissimulation des crimes. Car je suis loin de présenter les Kabyles comme de petits saints. Ils sont processifs, et par suite souvent ruinés par l'usure et la chicane. Ils fabriquent volontiers de faux actes, et l'un d'eux apporta triomphalement, l'autre jour, au tribunal de Bougie, un titre de propriété antérieur, disait-il, à la venue des Français, mais écrit sur du papier timbré en 1860. Mais ceci n'est rien. On sait qu'il existe des villages de recéleurs, de faux-monnayeurs. Les délits et les crimes sont, entre eux, très fréquents. Cela varie du reste de tribu à tribu ; il en est qui ont quasi la spécialité de fournir des voleurs et des assassins, qu'on fait venir à prix d'argent pour leur besogne spéciale.

Je campe depuis trois jours dans la tribu des Beni-Amram. J'ai le regret de dire qu'elle a la plus déplorable réputation, et que cette réputation est justifiée par les vols, viols et meurtres qui s'y commettent en nombre chaque année. Or la petite maison, bâtie à l'européenne, que j'habite, est restée tout l'hiver sans gardien, et personne n'en a enfoncé la porte ni volé une tuile. Est-ce vertu ? En aucune façon. Seulement, un dégât de cette espèce eût été signalé tout de suite et l'auteur dénoncé par le cheik, à peine de destitution.

Organiser la responsablité, tout est là ; individuelle ou collective, suivant qu'il y a culpabilité isolée ou complicité générale. Mais j'aurai à revenir sur ce sujet.

SEPTIÈME LETTRE

5 Mai. *De Taourirt-Ir'il.*

LA FORÊT D'AKFADOU. — SINGES ET PANTHÈRES.
UNE HISTOIRE DE CHASSE

JE rapportai d'Algérie, à mon premier voyage, cette formule : « L'Algérie est un pays où il n'y a ni eau dans les rivières, ni arbres dans les forêts. » J'avais cependant admiré les cèdres de Belesma et les palmiers des Zibans. Mais, en fait de chênes, je ne connaissais que le chêne-liège, toujours rabougri et de triste aspect, avec l'air d'un olivier atteint de maladies de peau.

Je suis depuis longtemps revenu sur mon premier sentiment. Mais j'avoue que je n'avais jamais vu d'aussi beaux arbres que ceux de la forêt d'Akfadou, dans le massif montagneux qui sépare la vallée de l'Oued-Sahel de celle du Sebaou. J'ai mesuré des chênes zéen de huit mètres de

tour, moussus il est vrai, et rameux à faire la joie d'un pay-
sagiste, et d'autres moins gros, mais droits et magnifiques
pour le forestier, qui n'avaient pas moins de trente mètres de hauteur, dont dix-huit sans une branche. Et cela
sur bien des kilomètres carrés.

Toutes ces richesses sont absolument inexploitées.
Cependant, au beau milieu de la forêt, je trouve un
énorme amas de grosses poutres pourries. C'est tout ce
qu'a su faire de la concession qui lui avait jadis été donnée
la Société générale algérienne.

Aucun bruit dans cette immense forêt. Pas un oiseau,
sauf de nombreux pics verts et pics épeiches, qui trouvent dans les arbres creux nourriture et logement. Les
autres oiseaux ont vu leurs nids pillés par le plus des-
tructeur des animaux — après l'homme — le singe, ici
très abondant.

Je m'étais promis, en commençant ces lettres, de ne
raconter aucune histoire de chasse, et j'ai tenu jusqu'ici
parole. Mais j'ai fait hier un si beau coup de fusil que je
ne puis résister au désir de m'en vanter. A 90 mètres,
j'ai descendu, à balle franche, un vieux et énorme magot
(il pesait 60 livres), qui me faisait mille grimaces et m'oc-
troyait évidemment toutes les injures de son vocabulaire.
L'incident n'eut pas d'autre suite, comme on dit à la
Chambre, et la troupe d'une centaine de compagnons
qu'il conduisait abandonna sans vergogne, dans sa défaite,
le vice-roi de la création. Les choses ne se passent pas
toujours aussi simplement. Le garde forestier qui m'accompagne me raconte que, quelques jours auparavant,

ayant tué une femelle, il vit toute la troupe se resserrer autour de lui, aboyant et montrant les dents, et quelques mâles sauter sur ses chiens et les mettre en fuite ; si bien qu'il jugea prudent de battre en retraite, laissant là son gibier. Et voilà comment j'ai été attaqué par des singes à la façon dont Dumanet avait mangé des truffes, approximativement. Pour ma part, j'ai vu jadis de mes yeux un singe, que j'avais blessé d'une balle, ramassé et entraîné par ses camarades dans des rochers inaccessibles. Il y a bien longtemps de cela, mais je ne pense pas que les mœurs aient changé.

Les grands ennemis des singes sont les aigles et les panthères. Celles-ci sont extrêmement communes dans la forêt d'Akfadou. Nous en rencontrons maintes traces : ici des empreintes de pas, là des laissées semblables à une corde d'un pied de long tressée avec des soies de sanglier : ailleurs, les trous et les rainures que font leurs puissantes griffes dans l'écorce des chênes-lièges, où elles les enfoncent voluptueusement, à la façon des chats piétinant un coussin.

Ces animaux rusés et hardis viennent enlever les chiens jusque dans les gourbis des Kabyles ; quant aux chiens de chasse des forestiers, ils sont voués à une mort certaine, et la panthère les prend même en plein jour, à 100 mètres de leur maître.

Cependant, on en tue peu. Je puis certifier, par expérience personnelle, que la panthère et le lion fuient l'homme de jour et de nuit, et détalent quand on marche sur eux, comme une hyène ou un sanglier. Il n'y a rien à en craindre, sinon peut-être à l'époque du rut, ou surtout si les petits ont été enlevés.

Vous entendez bien que je grille de raconter une histoire de chasse. Aussi bien, je cède à mon envie, d'autant plus qu'on ne dira pas que je veux me vanter; mon histoire est celle de la plus effroyable peur que j'aie jamais ressentie de ma vie, où j'en ai eu cependant quatre ou cinq!... Que celui qui n'a jamais eu peur me jette la première pierre !

Dans l'hiver de 1857-1858, des Arabes vinrent se plaindre au capitaine Guyon-Vernier, actuellement général de division, alors chef du bureau arabe de Bône, de ce que le lion leur avait tué deux bœufs la nuit précédente; et ils demandaient de la poudre et des fusils. « Voilà bien votre affaire, me dit le capitaine; allez-y, je ne leur donnerai pas de poudre. » Ainsi fait, je partis avec les Arabes. Mais je crus reconnaître à la multiplicité des coups de griffes et de dents que le crime avait été commis non par un lion, mais par une panthère.

Quoi qu'il en fût, je m'installai bien gentiment entre deux roches, à vingt mètres des deux bœufs, et j'attendis, en compagnie du fils du cheik, tout fier d'un fusil de munition qu'on lui avait prêté. La lune était dans son plein. Ah! les pleines lunes d'Algérie!... Le soleil de Londres n'est qu'un falot à côté d'elles ! Je rêvais à demi, regardant au loin la mer et les falaises, enveloppées d'une brume transparente. Au-dessous de moi, les chacals faisaient rage, se querellant sur les cadavres. Il vint même une hyène, animal aujourd'hui fort rare en Algérie, alors très commun ; je la chassai à coups de pierres. Tout d'un coup, le lion se mit à rugir, à un kilomètre peut-être. Quelle musique splendide que ce cri du maître de la forêt ! Surtout à distance; car, de près, c'est autre chose, je l'ai entendu à vingt mètres, et je n'y ai pas trouvé de charme mélodique. Mais à un kilomètre, parmi le silence, car tout se tait au premier coup de gosier ! Certainement, un jour viendra où l'on remettra des lions dans l'Atlas, pour le plaisir de les entendre la nuit.

Mon Arabe, assurément, n'aimait pas cette musique, car il me dit aussitôt : « Saïd (le lion) ! J'ai oublié de rentrer mon poulain ; je vais revenir. » Il fila et ne reparut plus ; je n'entendis du reste, pas davantage parler du « seigneur à grosse tête », qui se promenait au frais.

———

Le calme était revenu, les chacals, un instant interdits, avaient recommencé leurs criailleries, et je m'engourdissais, quand je fus surpris de voir la bande querelleuse se disperser dans la broussaille. A leur place apparut un animal un peu plus petit qu'eux, à forme de chat, avec une assez longue queue. Je regardai avec étonnement ce nouveau venu. Quel était-il ? Un chat-tigre ? Non ; sa queue était trop longue.

L'idée me vint que c'était une petite panthère. Mais alors, tandis que l'enfant mange, la maman est là dans la broussaille, le surveillant maternellement. Mais alors elle va me voir, elle m'a vu, à coup sûr, et elle rode déjà pour savoir par où m'attaquer. A ce moment, les mille bruits de la nuit, qui énervent et inquiètent le chasseur à l'affût, devinrent pour moi les pas de la panthère. Dans les jeux du vent et de la lune, parmi les feuilles luisantes des myrtes, je croyais voir onduler son corps ; et j'allais être attaqué sans savoir de quel côté, sans pouvoir me défendre, pris et coiffé dans mon affût ! La peur me saisit, me happa, une peur grandissante, galopante, qui me faisait suer la peau et hérisser le poil. Ah ! que l'Arabe avait raison, et que j'aurais bien fait d'aller l'aider à rentrer son poulain !

Je ne sais jusqu'où les choses seraient allées ; peut-être me serais-je enfin honteusement enfui ou sottement évanoui de peur si, dans un effort moral dont je me sais le plus grand gré, je n'eusse pris un parti décisif. J'avais devant moi, sur la pierre, un fusil ordinaire et une excellente carabine Minié à deux coups. Je pris le fusil et, calmant ma main tremblante, j'ajustai avec soin le petit animal, qui grignotait tranquillement, et fis feu. Puis, soudain, je saisis ma carabine et me dressai debout, prêt à recevoir de mon mieux la maman-panthère.

Mais la maman ne vint pas. Mon coup avait porté cependant ; la bête avait bondi, et je l'entendais se débattre, sans nulle envie d'aller la chercher. J'attendis, j'attendis ; rien. Je me rassurai peu à peu et, au lever du jour, je fis payer aux chacals la peur que j'avais eue. Les Arabes accoururent alors et, fouillant la broussaille, me rapporportèrent quoi ? un lynx-caracal, que ma balle avait traversé. Beaucoup de terreur pour rien !

Beaucoup de papier noirci pour pas grand'chose. Mais que voulez-vous ! je suis depuis trois jours en pleine forêt, dans une région où n'ont pas pénétré peut-être dix Européens, et les souvenirs de la brousse me montent à la tête.

Un mot raisonnable, pour finir. Ce chêne zéen, dont

les magnifiques forêts seront un jour une fortune pour l'Algérie, est en même temps le plus redoutable ennemi du chêne-liège. Partout où il apparaît, sa puissance végétative l'emporte ; il envahit et détruit en étouffant. Or, le chêne-liège est, comme je l'expliquerai dans ma prochaine lettre, la véritable richesse de ces contrées montagneuses. L'Etat y gagnerait beaucoup à concéder même gratuitement l'abatage du zéen dans les forêts de liège, à la condition seule d'essoucher pour tuer le pied. Et il y aurait là, pour les particuliers, des fortunes à faire en charbon, échalas, merrain et tannin.

HUITIÈME LETTRE

8 Mai. *De Bougie.*

LA FORÊT DE CHÊNES-LIÈGES. — LE DÉFRICHEMENT
L'EXPLOITATION. — L'AVENIR.

A plus grande partie des forêts qui couronnent les collines et les montagnes de la Kabylie, jusqu'à l'altitude de 1,100 mètres et en terrain siliceux, est composée de chênes-lièges. La plupart des broussailles elles-mêmes ont été forêts de liège, comme le prouvent du reste les touffes qu'on y rencontre et que la dent des chèvres maintient à l'état de buisson. Enfin, chaque année les terres cultivées mangent sur la forêt.

Les forêts ont été de tout temps détruites pour les besoins de la culture et du pacage. Depuis la domination française et jusqu'à ces dernières années, les ravages ont augmenté dans d'inquiétantes proportions.

C'est l'incendie qui en est l'agent habituel. Lorsque le Kabyle veut labourer un coin de forêt ou le transformer en une broussaille que sa chèvre puisse plus aisément brouter, il y met le feu, un feu réglé et assez artistement préparé. Quand il doit aller jusqu'au défrichement, il coupe les touffes de leutisques, de bruyères, etc., et les entasse sur le pied de l'arbuste, que le feu brûle et tue dans la racine. Les chênes sont ensuite abattus et extirpés par le même procédé. Ainsi ont été créées beaucoup de riches terres labourables, et de belles plantations de figuiers ou d'oliviers. Jusque-là, aucun mal.

Mais au fur et à mesure que les pentes de la montagne deviennent plus rapides, il arrive que la terre, n'étant plus retenue, se détache du roc et glisse dans la vallée, entraînant même les plantations d'arbres fruitiers. Que de figuiers j'ai vus ainsi renversés et morts, ou poussant misérablement leurs dernières feuilles. Seuls, quelques vieux caroubiers, s'accrochant dans les fissures du rocher par leurs énormes racines, semblables à des boas de 20 mètres de long, montrent qu'il y a eu là terre cultivable et végétation.

Quand tout un coteau a été ainsi dénudé, le village change de place, et le même procédé de destruction non seulement de la forêt, mais du sol, est appliqué plus loin. De là, un appauvrissement croissant du pays, dont les conséquences peuvent devenir extrêmement graves.

Parmi les forêts que détruisent ainsi les Kabyles, quelques-unes, en très petit nombre, leur appartiennent en propre et individuellement, ou sont biens communs de tribu ; mais la plus grande partie, et de beaucoup, était la propriété du beylik, et est devenu bien d'État.

Jusqu'à une époque toute récente, la délimitation de ces dernières était singulièrement vague et arbitraire. Par suite d'erreurs dont quelques-unes sont absolument inexplicables, de belles forêts auraient été attribuées aux tribus sous le vocable de terres cultivées ; l'inverse aurait eu lieu du reste pour des concessionnaires ou même pour l'État. Les séquestres à la suite d'insurrection ou d'incendie volontaire, puis les restitutions partielles avaient encore compliqué la situation. Aussi les indigènes ne se faisaient pas faute de mordre au domaine de l'État. Seulement, avant de brûler et de défricher, ils prenaient la précaution de faire périr les arbres par une incision circulaire au-dessous du collet.

Aujourd'hui, la délimitation est plus précise et le bornage est même effectué sur beaucoup de points. Les Kabyles font ce qu'ils veulent de leurs propres forêts. Mais, chose curieuse, voici qu'ils commencent à s'apercevoir de leur erreur de méthode. Quelques-uns, au lieu de continuer les défrichements, louent leurs propriétés aux Français, pour l'exploitation du liège, qu'ils sont encore incapables de faire régulièrement. C'est un grand progrès, intéressant à signaler.

Les forêts appartenant à l'État ont été par l'empire concédées *larga manu*, gratuitement ou à des conditions de bon marché dérisoire. La concession d'exploitation, qui était d'abord faite pour 99 ans, a été transformée en propriété définitive par un décret en date du 2 février 1870.

Depuis 1876, l'État a loué une certaine quantité de forêts pour quatorze années. Cette période écoulée, il en vendra la récolte en liège chaque année.

Le premier liège qu'on enlève sur un arbre, le liège mâle, comme on l'appelle, n'a aucune valeur, et on le laisse sur place. Chaque année, l'arbre ainsi démasclé forme une couche de liège fin, dont l'épaisseur varie entre deux et quatre millimètres (dans des cas exceptionnels, l'épaisseur va jusqu'à un centimètre ; mais ce liège est mauvais). Quand la couche de seconde formation atteint 23 à 25 millimètres, on la lève et le liège est marchand.

Cette seconde opération se fait de huit à douze ans après la première. C'est là ce qui explique le délai de quatorze années accordé aux locataires. Ils peuvent ainsi faire une récolte de liège, et une seule, dans leur forêt, qu'ils aménagent en quatre ans. Mais on voit que ce délai est bien court. Un retard quelconque peut fruster le locataire de la récolte qu'il aura coûteusement préparée. Or, parmi les causes de retard, il faut compter l'incendie, qui, lorsqu'il ne tue pas l'arbre, suspend ou ralentit pendant plusieurs années la production du liège.

L'estimation de la valeur des forêts de chênes-lièges est très difficile. Rien de plus irrégulier que le peuplement ; ici dix, là trois cents arbres à l'hectare, et des arbres de toute taille, et de tout âge. Ajoutez l'incendie, qui a parcouru grand nombre de forêts, retardant les pousses et diminuant la valeur du liège. Ainsi, un arbre peut donner de deux à vingt kilos de liège, récolte qui vaut de 1 fr. 20 à 12 francs.

On peut estimer à 400,000 hectares la superficie des forêts de chênes-lièges appartenant à l'État. Dans l'arrondissement de Bougie, il en possède 60,000 hectares, dont 12,000 sont loués et en exploitation régulière. En 1894, tous les arbres démasclés et préparant leur troisième liège, au nombre de 2 millions, auront fait retour au domaine public. Pour le reste, l'administration, qui a renoncé aux locations de quatorze ans, fait démascler elle-même et louera les coupes tous les dix ans. Ce sera la source d'un revenu considérable, qu'on ne peut évaluer, tous frais payés, à moins d'un million par an. Je parle de l'arrondissement seul.

Croirait-on que, pour préparer ces richesses publiques et les protéger, on ne fait presque rien ? Ces 60,000 hectares de forêts, auxquels il faut ajouter 40,000 hectares de chênes-zéen, de cèdres, de pins, ne sont divisés qu'en 23 triages ; ils sont sous la surveillance d'un inspecteur, d'un sous-inspecteur, de 3 gardes généraux, de 23 gardes. La même étendue en France, avec des moyens de communication bien autrement faciles et des dangers bien moindres, emploierait environ 200 gardes. La commission du budget a été bien mal inspirée en pratiquant de larges rognures sur ce service fécond. Le contre-coup de ces lésineries a pour résultat de décourager des agents qui vivent dans des conditions très pénibles, et qu'il faudrait soutenir et protéger.

Les ennemis de la forêt sont multiples : l'exploiteur, l'indigène, l'incendie, la chèvre.

L'exploiteur d'abord. Il en est, en effet, qui ont sac-

cagé les forêts concédées gratuitement en arrachant de
l'arbre non seulement le liège, mais le liber, pour en faire
du tannin. On a été jusqu'à me dire que certains d'entre
eux avaient vu arriver sans déplaisir les grands incendies
de 1881, qui dissimulaient leurs dépradations. Aujour-
d'hui, les précautions sont prises pour que ces mauvaises
actions ne puissent plus se commettre.

Puis l'indigène, qui, n'ayant pas assez de terre de culture et de paçage, ou n'en sachant pas tirer parti, vit de
la forêt, non en l'exploitant, mais en la détruisant. L'incendie est son principal moyen d'action, soit qu'il n'essaye de brûler que ce qu'il veut emblaver, soit qu'il brûle
à la fois dans un esprit de lucre et de vengeance, soit
enfin que l'incendie devienne un acte insurrectionnel.
Puis, ses troupeaux de moutons et surtout de chèvres
broutent les jeunes plants et, dans les parties déjà incendiées, arrêtent un repeuplement qui sans cela se
ferait avec une grande rapidité. Ils nuisent même beaucoup au renouvellement régulier des forêts ; sur cent
glands germés, un au plus leur échappera.

Après l'incendie collectif et premédité d'août 1881, on
a interdit le pacage dans les forêts incendiées ; les administrateurs civils, fatigués des plaintes des indigènes, en
réclament à grand tort le rétablissement, malgré la résistance des agents forestiers.

Ces administrateurs font valoir les ressources que les
indigènes trouvent dans leurs troupeaux. Mais ils en tire-
ront de bien plus importantes de l'exploitation de la
forêt. Là où celle-ci se fait régulièrement, l'émigration a

diminué et même disparu ; un Kabyle qui gagne 10 francs par semaine en rentrant chaque soir à son village est un homme heureux. Dans les cantonnements où l'exploitation n'est pas commencée, de faibles dépenses, et des dépenses utiles, comme la préparation des chemins et des tranchées, donneraient aux indigènes plus de ressources que le lait de leurs maigres chèvres.

Ce serait là de l'argent bien placé, non seulement parce qu'il servirait directement à l'exploitation de la forêt, mais parce qu'il assurerait sa protection, en intéressant les Kabyles à sa conservation, et surtout parce qu'il aiderait à la pacification des esprits. Faisons en sorte que l'indigène travailleur gagne à notre présence et à notre intervention. C'est la vraie manière d'amener définitivement la tranquillité dans ce pays-ci.

NEUVIÈME LETTRE

9 Mai. *A bord de la Désirade.*

LA KABYLIE CLEF DE L'ALGÉRIE.

LES INSURRECTIONS. — LA PACIFICATION. — DES

ÉCOLES ET DE L'EAU. — CONCLUSION

E soleil, qui ne m'a pas quitté depuis que j'ai mis le pied sur la terre d'Afrique, m'est fidèle au retour. La mer, sans une vague, sans une ride, semble de l'huile teinte en indigo, et, signe de beau temps fixe, nous traversons des bancs immenses de Vélelles, dont chacune dresse au-dessus de l'eau sa petite voile triangulaire. La nuit, les myriades d'êtres microscopiques qui peuplent la mer s'illuminent, et le sillage du navire est une large traînée de feu.

On ne voit plus que le ciel et l'eau, calotte bleue sur plaine bleue, et les montagnes du littoral kabyle ont disparu en quelques heures.

Un mot encore sur ce beau pays, avant de lui dire adieu pour deux ans.

La Kabylie est la clef de l'Algérie. Tant que les innombrables et intrépides habitants du quadrilatère montagneux compris entre Dellys, Aumale, Sétif et Collo, conserveront des dispositions pacifiques, le reste de l'Algérie fût-il en feu, notre domination n'en serait pas compromise. Inversement, un soulèvement général de ces contrées nécessiterait, pour être réprimé, de très sérieux efforts.

La première précaution à prendre est donc de sillonner ce pays de routes et de chemins de fer. Cr, pour des raisons diverses, on a très peu fait sous ce rapport. Bougie n'est relié par une route à la grande voie d'Alger à Constantine que depuis trois ou quatre ans. Collo et Djidjelli sont encore isolées; on ne peut passer en voiture de la vallée de la Soummam dans celle du Sebaou, et les communications sont ainsi coupées entre la province d'Alger et celle de Constantine. Il importe de remédier le plus tôt possible à cet état de choses. Il faut que nos troupes puissent se transporter rapidement sur tous les points menacés, et attaquer à la fois du côté de la mer et par la grande ligne ferrée parallèle à la côte.

Mais, s'il est indispensable de prendre ses précautions, le mieux est de n'avoir pas besoin d'en user. Nous ne sommes plus au beau temps des bureaux arabes, où l'insurrection était la plus lucrative des spéculations, apportant décorations et épaulettes, sans parler des razzias fructueuses et des exploitations ou reventes des terrains sequestrés.

Une insurrection, mais c'était la fortune! Et si facile à se procurer! Un moyen, entre mille, emprunté à la *Bonne Cuisinière* des bureaux arabes : Vous prenez un marabout un peu fou, et par suite convenablement vénéré, et vous lui faites appliquer vingt-cinq coups de bâton sous la plante des pieds. Pour un marabout pas content, voilà un marabout pas content! Naturellement il s'en va exhaler sa mauvaise humeur en prêchant la guerre sainte au prochain marché. Si cela mord, très bien; sinon, reprenez le marabout et rebâtonnez-le. Cette fois, son zèle fait merveille; les jeunes gens s'échauffent, les vieux racontent des histoires, une tribu se soulève et pille un peu. La poudre a parlé; laissez faire et attendez que la pâte fermente; il sera temps alors de monter à cheval et d'aller cueillir des lauriers, sinon mieux.

C'est là le vieux jeu, complétement abandonné depuis longtemps. Aujourd'hui nulle provocation n'est à craindre, et la spontanéité insurrectionnelle a singulièrement diminué. Sauf dans le Sud oranais et sur quelques points des Hauts-Plateaux, l'influence des grands chefs a presque disparu. Les vieilles familles n'ont plus le pouvoir officiel; l'orgueil les a endettées; plus d'argent, plus de crédit, plus de prestige. Et puis, les gens des oasis sont avec nous; le « père du poivre » a perdu, grâce à notre protection, l'habitude d'être rançonné chaque année par le nomade, « gentilhomme » du désert. L'occupation pacifique du pacifique Mzab a été un coup de maître;

nous sommes maintenant chez nous aux confins de l'extrême Sud.

En Kabylie, ni grands chefs, ni nomades. L'influence
religieuse des Khouanats divers nécessite seule quelque
surveillance. Encore l'autorité de ces ancêtres de nos
jésuites va-t-elle chaque jour en diminuant. Le Kabyle
est un homme positif. Sans doute, la présence du Français chrétien et surtout conquérant ne lui est pas très
agréable. Sans doute, la suppression du pillage de tribu
à tribu, de la guerre de clan à clan, lui fait paraître la vie
un peu monotone et mélancolique. Sans doute, bien des
jeunes gens écoutent avec regret le récit des hauts faits
de vol, de viol et de tuerie narrés avec complaisance par
les vieillards qui « commençaient à avoir de la barbe
quand les Français sont venus. » Et beaucoup ne seraient
pas fâchés de brûler quelques fermes et de couper quelques têtes, histoire de rire un brin.

Mais les vieux eux-mêmes se souviennent que cela ne
leur a pas réussi. Les hommes tués, peu de chose : c'est
de la besogne pour l'ange Azsaël, et ils sont avec les
houris, « sinon mieux, » dirait Rabelais. Mais les villages
brûlés, les oliviers coupés, et surtout les terres confis-
quées et données aux colons français, voilà qui est plus
grave.

Une occasion unique s'était présentée en 1871. La
France vaincue n'avait plus d'armée; les dernières troupes avaient quitté l'Algérie, et la guerre civile mettait en
question aux yeux des musulmans, l'existence même de
la nation conquérante. Tout s'était soulevé, et le flot de

l'insurrection battait les murs de Bougie et de Tizi-Ouzou, menaçait ceux de Sétif et d'Alger. Qu'en est-il résulté? Des transportations, des amendes, des séquestres, la création des villages de l'Oued-Soummam et de l'Oued-Sebaou; les plus braves guerriers tués, les meilleures terres perdues; triste bilan, que tout Kabyle a présent à l'esprit.

Aussi, comme je le disais dans une lettre précédente, la pacification de ce pays est certaine à mes yeux. Un seul point noir : Une grande guerre européenne, la guerre nécessaire, celle que tout le monde attend, espère et redoute, pourrait être un péril en Kabylie même. Des intrigues seraient vite nouées, et la crédulité de ces paysans ignares est infinie. Est-ce par pure distraction de sportsman que, l'année dernière, un officier allemand faisait, dans une balancelle de pêcheur italien, le relevé de la côte de Bougie à Dellys?

Mais les Kabyles savent deux choses : la première c'est qu'ils ne gagneraient rien à changer de maître, et c'est tout ce qui pourrait arriver, en mettant les choses au pire. Allemands, Anglais, Espagnols ne se montrent pas tendres aux populations qu'ils conquièrent. La seconde, c'est que leur entreprise serait vaine et que leur défaite certaine amènerait de bien autres représailles que celles de 1871. La confiscation des terres et la création de nouveaux villages ne pourrait plus avoir lieu, vu la densité de la population, qu'au prix de la déportation de tribus entières soit au Sénégal, soit en Guyane; extrémité terrible, redoutée justement des Kabyles, très pénible pour nous, mais à laquelle nous contraindrait la nécessité.

Mais nous n'aurions fait qu'une œuvre médiocre, et sans efficacité sérieuse et définitive, si notre sécurité politique n'était appuyée que sur la crainte. Il ne suffit pas que le Kabyle recule devant l'insurrection par terreur du châtiment, il faut qu'il n'en ait pas le désir, et qu'il trouve dans l'état de paix son avantage matériel et moral. Faisons qu'il gagne à nous avoir près de lui et au-dessus de lui.

Et cela dans notre intérêt, dans l'intérêt de la France, le seul, à vrai dire, qui me guide, étant chauvin de ma nature et peu enclin à l'humanitairerie.

Or, il se trouve, quand on y regarde de près, que, dans toute l'Algérie, notre intérêt est d'accord avec l'intérêt bien entendu de l'indigène, parce qu'il est d'accord avec la justice.

Dans les pays de grande tente, nous avons à débarrasser le serf nomade de la tyrannie féodale qui pèse encore sur lui. Mais, en attendant que cette politique ait produit ses lointains effets, nous devons surveiller avec soin ces troupes de fanfarons paresseux et fanatiques, où l'insurrection couve toujours et qui ne peuvent nous pardonner de leur avoir coupé les vivres en protégeant les oasis contre leurs pillages réguliers. Ce sont là les Arabes vrais, aux tibias exostosés par l'étrier, les « gens qui montent à cheval » dont je parlais au début d'une de mes lettres, ceux dont le général Campenon a dit qu'ils n'ont jamais été et ne seront jamais capables de produire que des saints, des poètes et des soldats.

Dans les pays mixtes, qui forment la plus grande partie de l'Algérie et de la Tunisie, où une population berbère a pris plus ou moins les mœurs des Arabes, où une terre fertile n'est cultivée que très insuffisamment et sur des

espaces restreints, nous avons le droit et le devoir de
hâter la mise en valeur de ces riches contrées par le développement de la colonisation française. « La terre, a
dit le Prophète, appartient à qui la vivifie. »

J'ai regretté que la Chambre ait refusé de voter les
50 millions que lui demandait, l'année dernière, M. Tirman, pour la création de villages. On s'est beaucoup in-
digné à cette occasion, on a crié à la spoliation, et trois
ou quatre Arabes des Batignolles, qui hantaient alors la
salle des Pas-Perdus, agitaient le spectre de l'insurrection.
On paraissait ignorer que les innovations monstrueuses
qu'on dénonçait n'étaient autre chose que ce qui s'est
fait, se fait et se fera encore pendant longtemps, mais
petit à petit, tandis que le gouvernement voulait en finir
d'un coup, avec « la colonisation officielle. » Celle-ci,
en effet, ne s'empare que de terres incultes et sans maître, ou, dans le cas contraire, indemnise les propriétaires, soit en terrain, soit en argent. Je sais les critiques
que soulevait justement la mise en pratique du système ;
mais rien n'était plus simple que d'y porter remède.

Mais en dehors de la constitution des centres, qui con-
tinuera à s'opérer lentement, l'infiltration française peut
se faire par deux procédés : la vente des biens domaniaux, l'individualisation des propriétés arabes. On a
commencé cet hiver à vendre quelques centaines d'hectares de terres appartenant à l'État ; il faudrait générali-
ser ce mouvement, d'autant plus que les ventes se sont
faites à des prix assez élevés. Quant à la constitution de
la propriété indigène, elle s'opère avec une désespérante
lenteur. La loi est remplie d'exigences pour le moins inutiles, et l'argent fait défaut pour son exécution.

Et cependant l'utilité de cette mesure est absolument

de premier ordre pour l'avenir de l'Algérie. C'est là,
bien plus que dans les biens domaniaux, bientôt épuisés,
que les colons trouveront les ressources en terres qui
peuvent les attirer et les fixer. L'Arabe se débarrassera
très volontiers du superflu dont lui a si généreusement et
si naïvement fait don le fameux sénatus-consulte. Inversement, il s'attachera au sol qu'il cultive réellement et
dont il aura la propriété non indivise, mais personnelle.
Il fera sur son propre bien ce qu'il ne fera jamais sur le
bien de la tribu. Et l'on verra s'opérer dans les mœurs
de ces pays des modifications qui les feront ressembler
de plus en plus à la Kabylie.

Quant à celle-ci, l'œuvre de la colonisation propre-
ment dite, c'est-à-dire de l'occupation du sol, y est à peu
près terminée. Il faudrait une insurrection, suivie de la
redoutable mesure que j'indiquais tout à l'heure, pour
trouver de la terre disponible. Quand les Kabyles se ven-
dent entre eux leurs terres jusqu'au prix de 6,000 francs
l'hectare, le Français ne peut évidemment trouver place.

Mais ici se révèle son rôle supérieur. Il n'est plus l'ouvrier, — et peut-être ne devrait-il être jamais l'ouvrier,
— il est le contremaître, le directeur. A lui les œuvres
trop considérables ou de trop longue durée pour que les
Kabyles les puissent entreprendre : plantations de vignes,
cultures spéciales, intensives, maraîchères, reboisement,
aménagement de forêts, exploitations de lièges.

A lui les industries : huileries, distilleries, carrières,
mines. A lui les travaux publics de mise en valeur : irri-

gations, endiguements, captations de sources, chemins, chemins surtout.

Il doit apporter à la fois dans ce pays, et cela pour son propre profit, la direction matérielle et morale. « De quoi avez-vous le plus besoin, demandais-je un jour au président des Beni-Yenni? — Des écoles et de l'eau, » me répondit-il.

De l'eau, c'est-à-dire des travaux d'ensemble pour lesquels il faut science, esprit de suite et argent, ce qui manque aux Kabyles.

Des écoles, c'est-à-dire l'acquisition de cette science qui est, avec l'esprit de justice, notre véritable supériorité aux yeux des indigènes. Des écoles, on devrait en avoir déjà couvert la Kabylie. Mais il faudrait les faire à bon compte, sans prétentions architecturales et sans prétentions universitaires. Ah! ceci est ma marotte, et pour la vie! La solution du problème arabe, elle est, comme celle des autres, dans l'école. Les obstacles venant des hommes ne peuvent être détruits que par un changement dans la machine à fabriquer les hommes.

Je voudrais voir, dans chaque tribu, au moins, un simple gourbi, avec un instructeur français et quelques moniteurs indigènes. Cela rapporterait beaucoup et ne coûterait pas gros. J'ai dit instructeur et non instituteur. C'est que je voudrais qu'on choisît cet instructeur en dehors des préoccupations habituelles de l'Université. Nos instituteurs ne sont pas prêts pour cet enseignement; il y faut un goût particulier et un entraînement antérieur. On a transporté en plein pays kabyle de pauvres instituteurs ignorants de la langue, des mœurs, des besoins de leurs élèves; ils ont supplié en hâte qu'on les repatriât.

Un jour, dans une école de la grande Kabylie, l'instituteur me montrait avec fierté des enfants qu'il préparait au certificat d'études. C'est là une conception délirante. Le certificat d'études : les casse-tête de l'arithmétique, les Mérovingiens, les subtilités de la grammaire, les bizarreries de l'orthographe ! Dans un autre, je prends le cahier de rédaction du meilleur élève. Dictée :... je vous le donne en mille, les *remords de Frédégonde !*

Que voulez-vous? L'instituteur enseigne ce qu'il sait, ce qu'on lui a appris à enseigner, ce qui est estimé dans les écoles normales et apprécié de MM. les inspecteurs. Mais ces enfants, familiers avec Brunehaut et les intérêts composés, je leur demandais en vain l'étendue de la France, le nombre de ses soldats, le bien qu'elle a fait à leur pays, leurs devoirs envers elle.

Des écoles! des écoles! Des chemins! des chemins! Que l'esprit de la France pénètre et imprègne rapidement ce pays! C'est une question de vie ou de mort pour l'Algérie. Et je reviens ici au point de départ de cette lettre si longue et cependant si incomplète.

Il faut que la Kabylie soit matériellement et moralement à nous. Il faut que les vieux sachent bien que toute velléité d'une révolte injustifiable serait suivie d'un châtiment terrible. Il faut que les jeunes apprennent que notre présence signifie paix, richesse, justice. Et alors nous trouverons dans cet admirable pays non seulement des trésors, mais des amis, des soldats, un appoint important dans nos luttes européennes, une armée toute prête pour nos colonies du Sénégal et de l'Indo-Chine.

Déjà nous en avons tiré des régiments. Avec quelle

bravoure et quelle fidélité ils se sont battus pour nous, de Wissembourg au Tonkin, chacun le sait. Mais ces soldats vont rentrer chez eux. Qu'adviendrait-il si, le pays se soulevant, ils apportaient à leurs compatriotes ce qui leur manque, et ce n'est certes pas l'intrépidité, mais la discipline et l'organisation? N'oublions pas que Bord–bou-Arréridj a failli être pris à la sape, en 1871, par un ancien tirailleur, qui n'a échoué que parce qu'il ne savait pas aérer la mine et laissait la fumée étouffer sa mèche.

Si nous faisons de bonne politique, — et nous sommes dans la voie, — ces vaillants serviteurs seront les meilleurs apôtres de l'influence française. Et j'avoue que je préférerais pour instructeur des enfants kabyles tel vieux sergent de tirailleurs parlant suffisamment français que tel diplômé, fût-ce du degré supérieur.

En un mot, — car il faut en finir, — notre intérêt est là-bas d'accord avec celui des indigènes. Leur bonheur est fonction de notre sûreté. Si j'étais sculpteur et qu'on me donnât, à la façon académique, à représenter le rôle de la France en Algérie, je figurerais la Justice appuyée sur la Force, et j'inscrirais sur le socle : Paix, Instruction, Liberté.

LA POLITIQUE ALGÉRIENNE

LA POLITIQUE ALGÉRIENNE

LETTRE AU PRÉSIDENT DE LA SOCIÉTÉ
POUR LA PROTECTION DES COLONS.

Paris, 6 Juillet 1883

MONSIEUR LE PRÉSIDENT,

MM. les Sénateurs et Députés de l'Algérie m'ont fait l'insigne honneur de me proposer, au nom du comité central, la présidence d'honneur de la *Société pour la protection des colons et l'avenir de l'Algérie.*

J'ai accepté avec une véritable reconnaissance cette marque de confiance et d'estime, bien que je ne sache guère comment j'ai pu m'en rendre digne. Car je ne puis considérer comme un mérite l'enthousiasme qu'a excité en moi l'Algérie dès mon premier voyage qui remonte à plus de vingt-cinq ans, ni l'intérêt passionné avec lequel j'ai suivi ses progrès et je m'inquiète de son avenir.

L'œuvre que vous avez entreprise a pour but principal d'éclairer vos patriotes de la métropole sur les véritables intérêts de l'Algérie, c'est-à-dire à la fois des colons et des indigènes, et de calmer des susceptibilités généreuses habilement surexcitées. Vous vous proposez ensuite de constituer une association qui soit pour les Français d'Algérie à la fois une société d'études, un moteur d'initiatives, un centre de résistance, une force de protection. Enfin, vous voulez que les indigènes qu'on leurre d'espérances irréalisables et chez qui l'on entretient des sentiments également dangereux pour eux et pour nous, sachent bien exactement ce qu'ils ont à attendre de notre sagesse, de notre justice et d'une bienveillance qui ne sollicitera pas leur soumission, mais se proportionnera à elle.

Pour assurer à cette œuvre un surcroît de force, des garanties de durée et de succès, vous faites appel à tous vos amis de France, et vous les invitez à faire acte d'adhésion publique à votre Société et à vous aider en disant autour d'eux la vérité. C'est à ce titre d'ami que vous avez pensé à moi, et vous avez bien fait.

J'éprouve, en effet, la plus vive admiration, la plus respectueuse sympathie pour ces colons qui, au milieu de
conditions si difficiles, ayant à lutter non seulement contre
le climat, mais contre la lenteur, la routine, l'incohérence
des mesures administratives; tenus en défiance et trop
souvent abandonnés sinon combattus par l'autorité qui
aurait dû les protéger; n'ayant pour les défendre ni
journaux ni représentants; dédaignés ou du moins
négligés par les pouvoirs publics, ont su néanmoins,
à force de courage et de sagesse, défricher le sol, bâtir
des villes et conquérir le régime civil, c'est-à-dire la
liberté.

Avec la liberté, tout deviendra facile, mais à la condition qu'on ne se laisse pas aller aux entraînements d'une
fausse et dangereuse sentimentalité, et que l'on comprenne
bien que *ceux-là seuls ont droit à la liberté entière qui savent
et veulent s'en servir dans l'intérêt de la France.*

Il ne faut pas oublier, en effet, que si nous avons conquis l'Algérie, si nous avons dépensé pour cette conquête, presque sans compter, et l'argent et le sang; si les
riches vallées fertilisées par nos travaux sont engraissées
des corps de nos premiers colons, tombés en assai-
nissant le sol, comme les têtes des colonnes d'assaut
tombent en comblant les fossés, tous ces sacrifices qu'on
a demandés à la France, c'est dans l'intérêt de la France,
dans cet intérêt seul qu'on a pu les exiger et les obtenir.

Sans doute, le sort d'une population indigène nombreuse, intelligente, guerrière, très-dense sur certains
points, est un des éléments les plus considérables du problème à résoudre. Mais il faut le résoudre, je le redis et
le redirai sans cesse, en se préoccupant de l'intérêt de la

France. Or, par fortune heureuse, il se trouve, quand on
y regarde de près, que l'intérêt de la France et celui de
la population indigène coïncident et peuvent recevoir
simultanément satisfaction.

Vis-à-vis d'une population vaincue et conquise, le
peuple victorieux ne peut prendre que l'un des trois
partis suivants : l'exterminer, la réduire en servage ou
l'élever jusqu'à soi.

Qui a jamais pensé à exterminer deux millions et demi
d'indigènes algériens ou à les « refouler au désert? « Où
trouver les Guise de cette Saint-Barthélemy? C'est pour-
tant avec ces formules ridicules qu'on a mis en émoi les
âmes généreuses et obtenu un certain mouvement d'esprit en faveur de la « protection des indigènes. »

La réduction à l'état de servage ne serait ni plus facile
à exécuter ni plus sensée à concevoir.

Reste le relèvement du peuple vaincu.

C'est là le but vers lequel il faut tendre en Algérie.
C'est lui que la politique générale ne doit jamais perdre
de vue. Cette tâche est digne de la France : elle est dans
sa tradition, dans son caractère.

Il faut qu'on soit bien persuadé en tous lieux que notre
plan général d'action, que nos efforts personnels doivent
avoir ce résultat pour objectif. *Il faut qu'on sache bien que*
nous ne sommes pas les ennemis de la population indigène, que
nous voulons améliorer son bien-être, son développement intel-
lectuel, sa situation morale. Et cela, non-seulement par gé-
nérosité pure, non par entraînement exclusif de senti-

ments chevaleresques, mais dans notre intérêt même, dans l'intérêt de la France.

Car il faut que le plus tôt possible cesse un état de choses plein de périls qui nous force à garder en Algérie une attitude guerrière devant une population dont les sentiments hostiles n'ont pas entièrement désarmé, dont les espérances illusoires ne sont pas toutes éteintes.

Nous y parviendrons en donnant aux indigènes la sécurité et en les contraignant à travailler et à s'instruire.

Déjà leur condition matérielle a singulièrement changé. Des impôts régulièrement perçus, une justice honnêtement rendue, devraient éveiller chez eux des comparaisons tout à notre avantage avec ce qui se passait aux temps des Turcs, avec ce qui se passe dans les contrées voisines non soumises à notre domination. La certitude de la récolte, compromise jadis par d'incessantes guerres de tribus et par les incursions des armées beylicales, la vente régulière des denrées, l'augmentation croissante de leur valeur, l'usage de plus en plus répandu des objets d'origine européenne, les puits percés dans le Sud, les eaux aménagées, les communications rendues faciles et sûres, tous ces bienfaits de notre présence devraient la leur faire sinon chérir, du moins accepter.

Mais le fanatisme leur ferme les yeux : fanatisme de race, fanatisme de religion. C'est là qu'est l'ennemi, c'est là qu'il faut attaquer. Il faut ne rien ménager — le temps moins que tout autre chose — pour faire l'éducation de ce peuple, le forcer à se détendre, à prendre confiance, à voir les réalités, à sentir les véritables espérances. Le développement des grands travaux publics, la multiplication des centres européens, feront beaucoup, par le contact et l'exemple. *Les écoles feront bien plus encore.* C'est sur elles qu'il faut compter. C'est là que progressivement, de génération en génération, se formera un peuple capable de comprendre ce que nous aurons fait pour lui, et qui soit nôtre désormais.

Proclamons donc bien haut nos desseins afin que nul n'en ignore. Qu'on sache bien à Paris comme dans le dernier des douars que *nous voulons donner aux indigènes paix, instruction et liberté.* Que nul ne se méprenne sur nos intentions et sur le but que nous poursuivons.

Mais, en même temps, que chacun sache bien aussi que si nous voulons suivre une politique générale digne de notre glorieux pays et de son rôle civilisateur, nous ne sommes ni des naïfs ni des songe-creux. Il faut qu'on voie bien que nous ne prenons pas la faiblesse pour de la bienveillance, que *nous ne confondons pas le présent avec un avenir nécessairement lointain,* quelques efforts que nous fassions pour en hâter la venue.

Ne nous lassons pas de le répéter : *Si nous voulons être les bienfaiteurs, les éducateurs de la population indigène, c'est dans l'intérêt de la France.* Nous ne saurions donc, sous aucun prétexte, prêter les mains à des mesures qui compromettraient immédiatement un intérêt suprême en même temps, il faut bien le dire, que l'intérêt général des indigènes.

Nous ne croyons pas, par exemple, que de longtemps

ils soient aptes à participer, en dehors de l'accomplissement de certaines coutumes séculaires, au maniement des affaires publiques, et nous considérons comme le plus dangereux des leurres la proposition étrange, qui a été faite cependant, de leur donner des droits politiques, le vote et des représentants directs.

Nous ne pouvons admettre que, sous un prétexte quelconque et par un procédé quelconque, ils puissent entraver une œuvre de civilisation dont ils profiteront au même degré que nous.

Il n'est pas acceptable que le développement de la colonisation soit arrêté par une organisation de la propriété qui laisse la terre à celui qui ne sait pas s'en servir et la refuse à qui saurait l'utiliser. J'ai le plus grand respect pour la propriété des tribus kabyles, où quatre individus vivent sur un hectare ; je ne puis éprouver le même sentiment quand je vois en d'autres lieux quatre individus posséder, sans en rien tirer, un espace cent fois plus grand de terres fertiles. Le droit d'occupation et de conquête qui est à l'origine de toute propriété ne devient droit légitime que quand il y a eu prise effective de possession et utilisation de la terre. *Celui qui ne féconde pas le sol ne mérite pas de le posséder.*

On ne saurait admettre que la paresse, l'incurie, la routine systématique et volontaire puissent être des obstacles à l'accroissement nécessaire de la population française. Les biens de main-morte ont été, en 1789, partagés entre les mains vivantes.

Qu'on ne feigne pas de croire que nous réclamons la dépossession immédiate et totale. Non, ce que nous réclamons, c'est qu'on laisse largement aux indigènes ce dont ils ont besoin, mais qu'on applique en même temps la loi musulmane, car le Coran *donne la terre à qui la vivifie.*

Quoi ! les cinquante-trois millions d'hectares de la France continentale nourrissent 38 millions d'habitants, et, dans la France algérienne, il y a à peine en tout trois millions d'habitants pour quatorze millions d'hectares ! Il faudrait, comme le disait avec raison M. Leroy-Beaulieu en 1874, que « la colonisation européenne con-« quît chaque année cent mille hectares au moins. »

———

Il est encore moins possible de supporter que des indigènes arrêtent le progrès, non plus seulement par la force d'inertie, mais par l'action directe et malveillante. *Il faut avant tout que la colonisation soit protégée par une police nombreuse et active, par une justice prompte et sévère et, s'il le faut par une législation spéciale.* Il est affligeant qu'on n'ait pu venir encore à bout des déprédations, des vols, des incendies, des meurtres dont la passion personnelle du coupable n'est pas toujours le principal mobile. Les mensonges organisés, les cécités volontaires des amis, des parents, des compatriotes, doivent être rigoureusement punis. *A la complicité collective on doit riposter par la responsabilité collective.*

On ne peut pas davantage admettre que les indigènes s'opposent au jeu des lois d'instruction édictées dans leur propre intérêt. *L'obligation de l'instruction primaire, qui respecte la liberté de conscience des musulmans comme celle des chrétiens, devra être appliqué à tous les Algériens* sans distinction de race, de langue, de nationalité, de religion. Il ne s'agit pas « d'empêcher les enfants musulmans de parler la langue de leurs ancêtres; » nul n'a eu cette ridicule idée. Mais il s'agit de faire qu'ils ne restent pas plus longtemps absolument étrangers à notre langue, à nos mœurs, à notre histoire, et qu'ils ne soient pas élevés dans l'ignorance systématique et haineuse des volontés, des bienfaits et de la puissance de la France. Il s'agit de préparer en eux des auxiliaires, au lieu d'ennemis.

Il faut en finir avec les dernières traces d'une organisation également mauvaise pour la liberté des indigènes et dangereuse pour notre propre sécurité. On ne peut plus conserver à une aristocratie digne des plus mauvais temps de la féodalité, en lui donnant l'investiture française, la puissance absolue sur de malheureux vassaux avec le pouvoir de lever des fusils par milliers et de maintenir l'insurrection latente.

Enfin, si celle-ci éclate, aujourd'hui qu'aucun abus de pouvoir, qu'aucune excitation secrète ne peut plus la justifier, il faut que la répression en soit rapide et efficace ; il faut que ceux qui l'ont excitée, et dont les mains sont teintes du sang de nos frères, n'en soient pas quittes pour quelque *aman* facile, et que l'insurrection ne soit pas pour des chefs sans scrupules ce qu'est la faillite pour le négociant sans honneur : un moyen de faire fortune.

———

Voilà, si je ne me trompe, monsieur le président, les points principaux du programme que s'est tracé notre

Société. Il faudra, dans son application, apporter l'esprit de résolution et de prudence tout ensemble.

La question algérienne a été ici très habilement présentée sous un faux jour ; il importe donc de surveiller son langage sans cependant rien dissimuler des revendications et des aspirations légitimes.

Je suis persuadé que l'application sévère et bienveillante à la fois de la politique que je viens d'esquisser à grands traits portera bientôt ses fruits.

Le premier des résultats devra être de bien persuader aux indigènes qu'ils ne peuvent rien contre nous, que *chez nous la force est immédiatement au service de la justice, et de la justice seule.*

Le second sera d'augmenter le nombre des colons, non seulement par la multiplication de fermes et d'exploitations isolées dont la protection est difficile, mais aussi par la création de centres bien choisis, bien placés, bien pourvus du nécessaire et assez voisins les uns des autres pour se prêter un mutuel appui.

Enfin, tandis que la population française, suffisamment « nombreuse, énergique et fortement constituée, » suivant l'expression de Bugeaud, s'approchera du jour où elle pourra à elle seule défendre le sol qu'elle aura défriché, la population indigène, mieux éclairée sur ses propres intérêts, plus instruite et plus travailleuse, cessera progressivement d'être une entrave, un danger, pour devenir le plus précieux des auxiliaires.

En ce temps-là, les utopies périlleuses aujourd'hui pourront être réalisées. Il appartiendra à nos successeurs d'adapter une conduite nouvelle à des circonstances nouvelles. Notre rôle à nous c'est de hâter la venue de ces temps heureux, désirés, lointains peut-être, sans jamais

oublier que nous avons à poursuivre une double tâche
créatrice et civilisatrice, que nous avons à satisfaire à un
double intérêt et moral, en un mot, que la France a en
Algérie, comme partout, un double devoir à remplir, envers elle-même et envers l'humanité.

TABLE

TABLE

Achevé d'imprimer

Le vingt-six juin mil huit cent quatre-vingt-cinq

PAR

ALPHONSE LEMERRE

25, RUE DES GRANDS-AUGUSTINS

A PARIS

BIBLIOTHÈQUE CONTEMPORAINE

VOLUMES IN-18 JÉSUS, IMPRIMÉS SUR PAPIER VÉLIN

Chaque volume, 3 fr. 50.

PAUL ARÈNE.......	Vingt jours en Tunisie..........	1 vol.
BARBEY D'AUREVILLY.	Une Histoire sans nom...........	1 vol.
—	Ce qui ne meurt pas............	1 vol.
PAUL BOURGET	Psychologie contemporaine (C. Baudelaire, Ernest Renan, Gustave Flaubert. Taine, Stendhal).....	1 vol.
—	L'Irréparable..................	1 vol.
—	Cruelle Énigme................	1 vol.
PHILIPPE CHAPERON.	Histoires tragiques et Contes gais..	1 vol.
—	Mademoiselle Vermont..........	1 vol.
LÉON CLADEL	Crête-Rouge..................	1 vol.
—	Ompdrailles..................	1 vol.
FRANÇOIS COPPÉE ..	Contes en prose...............	1 vol.
—	Vingt contes nouveaux...........	1 vol.
A. DAUDET.......	Les Femmes d'artistes...........	1 vol.
ERNEST DETRÉ.....	Entre intimes.................	1 vol.
ÉMILE DODILLON...	Le Forgeron de Montglas........	1 vol.
—	Les Vacances d'un Séminariste....	1 vol.
—	Le Moulin Blanc...............	1 vol.
ARY ECILAW......	Roland......................	1 vol.
GUSTAVE FLAUBERT..	Bouvard et Pécuchet......	1 vol.
ANATOLE FRANCE...	Les Désirs de Jean Servien.......	1 vol.
HECTOR FRANCE ...	L'Amour au pays bleu..........	1 vol.
GLATRON.........	La Nièce du curé..............	1 vol.
—	Les Disciples de l'abbé François.....	1 vol.
—	Speranza	1 vol.
LUIGI GUALDO.....	Une Ressemblance..............	1 vol.
—	Un Mariage excentrique.........	1 vol.
ÉDOUARD HABERLIN.	Les Employés.................	1 vol.
—	Le Capitaine Girard...........	1 vol.
CH. HUGO.......	Les Hommes de l'exil...........	1 vol.
CAMILLE LEMONNIER.	Les Charniers.................	1 vol.
DANIEL LESUEUR...	Marcelle.....................	1 vol.
HENRI LIESSE......	On n'aime qu'une fois..........	1 vol.
MARC MONNIER....	Nouvelles napolitaines..........	1 vol.
POUVILLON	Césette (histoire d'une paysanne)..	1 vol.
—	L'Innocent...................	1 vol.
ROBINOT-BERTRAND .	Les Songères.................	1 vol.
LOUISA SIEFERT	Méline......................	1 vol.
JULES TROUBAT....	Le Blason de la Révolution.......	1 vol.
LOUIS VERBRUGGHE .	Les deux Singes...............	1 vol.

Paris. — Imp. A. LEMERRE, 25, rue des Grands-Augustins.